성세위언—난세를 향한 고언

책세상 문고·고전의 세계

031

정관잉
성세위언—난세를 향한 고언

이화승 옮김

해제 | 중국 개혁에 대한 새로운 주장

책세상

일러두기

1. 이 책은 정관잉鄭觀應의 《성세위언盛世危言》87편 중 〈도기론道器論〉, 〈서
   학西學〉, 〈의원議院〉, 〈공법公法〉, 〈선교宣敎〉, 〈교섭交涉〉, 〈상전商戰〉(상·
   하), 〈상무商務〉(1·2·3·4·5), 〈이금厘金〉, 〈세칙稅則〉, 〈자강론自强論〉
   등 16편을 옮긴 것이다.

2. 1982년 상하이 인민출판사上海人民出版社에서 출판되고 샤둥위웬夏東元이
   편집한 《정관잉집鄭觀應集》의 오권본五卷本, 팔권본八卷本, 십사권본十四卷
   本을 합한 종합본을 번역 대본으로 삼았다.

3. 주는 모두 옮긴이주이며 후주로 처리했다.

4. 주요 인명과 지명, 책명은 처음 1회에 한해 원어를 병기했다. 중국 근대 인
   물은 중국어 발음에 따라, 나머지는 우리 한자음에 따라 표기하고 한자를
   병기했다.

5. 맞춤법과 외래어 표기는 1989년 3월 1일부터 시행된 〈한글 맞춤법 규정〉과
   《문교부 편수자료》를 따랐다.

성세위언—난세를 향한 고언 | 차례

들어가는 말 | 이화승 7

제1장 도기론 15
제2장 서학 21
제3장 의회 31
제4장 공법 43
제5장 선교 51
제6장 교섭 61
제7장 상전 상 73
제8장 상전 하 85
제9장 상무 1 93
제10장 상무 2 101
제11장 상무 3 113
제12장 상무 4 123
제13장 상무 5 131
제14장 이금 139
제15장 세칙 151
제16장 자강론 157

해제—중국 개혁에 대한 새로운 주장 | 이화승 162
  1. 19세기 이전 중국의 대외 정책 162
    (1) 서양 종교의 전파 163
    (2) 항구의 개방 164
  2. 갈등의 증폭과 전쟁 167
    (1) 아편과 은의 유출 169
    (2) 아편 전쟁과 난징 조약 173
  3. 상인이 된 유생 177
    (1) 유학을 포기하고 상인이 되다 177

(2) 초기의 사상 179

(3) 상업 자본가로 성장 182

4. 국가 개혁에 참여하다 188

　(1) 신식 기업에 참여 188

　(2) 초상국에서의 활약 192

5. 《성세위언》과 상업 전쟁 198

　주 208

　더 읽어야 할 자료들 214

　옮긴이에 대하여 217

들·어·가·는·말

최근 IT의 발전으로 세계는 좀 더 가까워지고 긴밀해졌다. 가만히 내 집에 앉아서도 세계 각지에서 일어나는 변화를 마치 옆에서 일어나는 일처럼 민감하게 느낄 수 있게 되었다. 특히 우리나라와 인접한 중국의 부상으로 인해 우리는 물론 세계가 시시각각 촉각을 곤두세우고 있다. 개혁개방 이후 꾸준히 높은 경제 성장률을 기록하며 세계의 정치, 경제, 문화에 영향을 미치는 중요한 변수가 되었기 때문이다. 중국의 생산, 소비, 유통 등 모든 분야가 세계와 밀접하게 연결되어 있다. 하루라도 중국과 무관하게 산다는 것이 얼마나 어려운 시대가 되었는가? "중국 경제 성장률이 1퍼센트 떨어지면 인도네시아의 경제 성장률 0.5퍼센트가 깎인다" (인도네시아 과학원 라띠프 아담 박사)거나 "중국 지방정부와 기업이 자금을 조달하는 중요한 통로인 비제도권 은행인 그림자 은행의 부실이 본격화되면 부실 채권으로 인해 선진국 경제에 직접적인 타격을 줄 것이다"(뉴욕주립대 노아 스미스 교수)라고 하는 등, 우려의 목소리들은 지면을 자주 장식하는 테러리즘과 더불어 우리를 더욱 긴장케 한다. 중국 경제에 대한 관심이 어느 때보다도 중요한 시대가 되었다.

이런 시기에 150여 년 전인 19세기 중반의 중국을 떠올리는 것은 쉽지 않다. 그 시대에 중국은 '처음'으로 세계 무대에 얼굴을 내밀고 수천 년 동안 빠져 있던 자기중심의 세계에서 걸어 나왔으며 정치, 경제, 문화 등 여러 방면에서 엄청난 대가를 치르고, 비로소 '세계'에 대한 새로운 인식을 가지게 되었다. 그리고 그러한 경험이 역사학자 황런위黃仁宇의 표현대로 중국이 자본주의와 대면하기 위한 장기 혁명의 중요한 초석으로 작용했다면[1] 그 의미는 더욱 새로울 것이다. 따라서 당시 거세게 밀어닥치던 서방 열강의 야욕 앞에서 중국 지식인들이 가졌던 무력감, 현실 인식, 세계관, 미래에 대한 청사진은 어땠는지, 그리고 중국의 선택은 어떤 영향을 미쳤는지를 돌아보는 일은 오늘의 중국을 이해하는 데꼭 필요한 작업일 것이다. 그때로부터 150여 년이 지난 지금, 중국은 다시 전혀 다른 모습으로 세계 무대에 다시 등장했다. 마치 원통을 돌듯 한 바퀴를 돌아 다시 출발점에 섰지만한 단계 높은 타원형의 출발점이라는 것이 다를 뿐이다.

두 출발점 사이에는 분명한 차이가 있다. 무엇보다 당시의 개방은 타의에 의해 강요된 선택으로 대다수 중국인의 의사와는 무관하게 진행되었으나 오늘날의 개방은 중국 스스로한 선택이며, 내외적으로 전폭적인 지지를 받으며 화려하게진행되고 있다는 점이다. 급격한 변화에 따른 예기치 못한부작용이 도처에서 발생하겠지만, 향후 중국의 거취는 세계경제에 미치는 영향이 심대하기 때문에 그 변화에 대한 염려나 우려보다는 기대가 앞서는 것이 사실이다.

당시 미래의 중국에 대해 청사진을 그렸던 지식인 가운데광둥성廣東省 상산현香山縣 출신의 정관잉鄭觀應(1842~1922)은 주목할 만한 인물이다. 그는 전통 유학자 집안에서 태어나 유학 교육을 받은 후 관직에 나가기 위해 과거科擧를 준비했다. 그리고 지방 신사紳士로 지역 사업에 열중했던 부친의 영향으로 여느 유생들과 비슷한 국가관과 보수적 사회 인식을 가지고 있었다. 그러나 과거에 실패하자 가정 형편상 바로 상인으로 진로를 수정했다. 송대 이후 유생들이 상업계로 진출하는 것은 그다지 낯선 일이 아니었다. 더구나 그의 고향은 서방 세력이 중국으로 들어오는 관문이었기 때문에 그는 자연스럽게 외국 문화를 접했고, 외국 회사에서 일을 배울 수 있었으며, 상업의 최전선에서 당시로는 첨단의 서양 시스템을 접하게 되었다.

성실하고 영민한 그는 매우 빠른 속도로 회사의 신임을 얻어, 중국인 직원들을 총괄하며 영업을 담당하는 매판買辦이 되었다. 그리고 높은 연봉과 많은 영업 수수료를 받아 상업 자본가로 급성장했다. 그러나 그는 당시의 다른 매판들처럼 중국과 서양이라는 두 문화의 언저리에서 경제적 여유를 풍요롭게 즐기지만은 않았다. 무능한 중국 봉건 정부의 적나라한 모습을 목격했기 때문이다. 중국 정부는 바깥 세계와 단절된 채 국제 질서를 이해하지 못하고 백성들의 무고한 희생만을 강요하고 있었다. 수많은 백성들이 짐승처럼 무리를 지어 이름도 모르는 낯선 곳에 쿠리苦力로 팔려가고 있었으며, 항구는 무방비 상태로 개방되어 서방의 경제 야욕 앞에 중국의 심장부를 아무런 가림막 없이 그대로 노출시키고 있었다. 우선 그는 중국인의 한 사람으로서 분노하고, 지식인으로서 이러한 현실에 대한 사회적 관심을 환기시키기 위해 글을 쓰기 시작했다. 그가 1873년에 처음으로 출간한 책인 《구시게요救時揭要》는 "가슴 아픈 현실에 대해 해결책을 논했다(觸景傷時, 略陳利弊)"[2]는 표현대로 인신매매, 아편, 빈민 구제, 미신 타파, 의료 위생, 풍습, 상업 진흥과 상인 보호, 이권 회수 등을 24편에 걸쳐 다소 격하고 거친 숨소리로 토해내고 있다. 이러한 격정은 그가 현실 감각을 익히면서 점차 구체적이고 체계적인 실천 방안을 모색하도록 발전했다. 《구시게요》는 양무운동洋務運動이 활발하게 진행되어 조야朝野가 '서양'이라는 모델을 두고 '변화'에 고심하던 시기에 결국 변화만이 살 길이고, 중국의 전통을 서양의 앞선 기술과 접목시킬 방법을 찾자는 외침이었다. 이후 두 번째 저서인 《역언易言》을 통해, 양무운동에서 시작된 군비 확충 문제에서 한 걸음 더 나아가 산업 발전과 광산 개발을 통한 자원 확보, 시장 정보를 신속하게 얻기 위한 통신 시설의 확충을 포함하는 개혁 방안 등을 제시했다. 더욱 중요한 것은 그가 그저 외곽에서 이론적으로만 개혁을 외치는 공담가가 아니었다는 점이다. 그는 외국 회사에서 일했던 경험과 그곳에서 습득한 이론을 중국이 세운 회사에서 펼쳐보라는 양무관료 리훙장李鴻章의 제의를 기꺼이 받아들여 1882년 3월, 중국 최초의 신식 기업인 해운회사 윤선초상국輪船招商局의 방판幇辦(부책임자)으로 취임했다. 그리고 자신이 보았던 서양회사의 자본주의식 경영 방법을 과감하게 도입해 중국의 기업 경영에 일대 혁신을 일으키며 초상국이 당면했던 경영 위기를 극복했다. 그의 이러한 현실 참여는 초상국의 경영을 한 단계 올려놓은 기폭제 역할을 하여 초상국 발전은 물론 중국의 해운업 성장에 중요한 이정표가 되었다. 그러나 그의 시도가 모두 성공하고 환영을 받았던 것은 아니었다. 그의 선진적이고 원칙적인 일 처리 방식 때문에 그는 전통적 인맥 관계에 익숙했던 일부 양무 관료들의 질시와 동료 상인들의 모함을 받아 1885년 홍콩 방문 중 사법 당국에 구금을 당하기도 했다. 또한 당시 세계 시장에 유동성 위기가 불어닥치자 그가 관여했던 상하이 기기직포국上海機器織布局 역시 영향을 받았고, 그의 과감한 증자增資가 경영 부실을 불러일으켰다는 여론 때문에 그는 심신에 큰 타격을 입었다. 이 때문에 그는 3년 동안 고독과 병마, 빈곤과 싸우며 은거 생활을 해야 했다.

그러나 1890년에 지인이며 양무 기업을 이끌던 탕징싱唐景星이 카이핑開坪 탄광에 그를 추천하자, 그는 뛰어난 추진력으로 놀라운 성과를 이루어냈다. 그의 오랜 후견인이었던 성쉔화이盛宣懷는 1892년에 다시 그에게 초상국 업무를 맡겼다. 이러한 현실적 경험을 바탕으로 그는 1894년 봄, 자신의 사상과 경험을 집대성한 책《성세위언盛世危言》5권(정문正文 57편, 부록, 후기 30편을 합쳐 모두 87편)을 세상에 내놓는다. 이 책은 앞의 두 저작보다 더 거시적이고 철학적인 사고를 담아냈으며, 정관잉이 현실에 대한 단편적인 지적보다는 총체적인 서양의 시스템에 주의하고 있음을 보여주었다.

이 책의 중심 사상은 부강구국富强救國이었다. 그는 의회, 법률, 학교, 은행 등 서방의 앞선 제도를 학습하고 모방할 것을 강조했으며, 중국의 현실을 구체적으로 고려하여 목표에 다가갈 수 있도록 책을 구성했다. 입법 기관을 설립하여 하의상달 식으로 민심을 수렴하고, 금융과 세금 제도를 개혁하고, 인재를 양성하고, 상인의 사회적 역할을 강조함으로써 새로운 국부를 창출할 것을 역설했다. 특히 무기로 싸우는 전쟁보다 상업과 무역이 더 큰 영향력을 발휘한다는 것을 깊이 절감하고 이를 전쟁으로 치열하게 묘사한 선진적 인식은 정관잉 사상의 백미일 것이다.

이 책이 출판되자 당시 황제는 물론 양무운동을 이끌던 관료들과 일반 백성에게까지 이른바 《성세위언》 읽기 열풍이 불게 되었다. 뒤이어 발발한 갑오甲午 전쟁에서 중국은 일본에 패했고, 거인擧人 출신인 캉유웨이康有爲가 주도한 무술변법戊戌變法이 수구파들의 반대로 실패했다. 따라서 중국 조야는 더욱 새로운 중국의 모습에 목말라하게 되었고, 정관잉의 시의적절하고 현실적인 대안은 광범위한 호응을 얻게 되었다. 이 책은, 의화단義和團 사건으로 8개국 연합군이 베이징을 침범한 직후인 1900년 8월에 그가 다시 출판한 수정본을 포함하여 모두 10여 만 권이 넘게 팔림으로써 중국의 근대 출판 역사에서도 중요한 획을 그었다.

성세盛世란 중국이 닫힌 세계에서 벗어나 맞부닥친 넓고 거친 세상을 지칭하고, 위언危言이란 그 세상을 경험하고 새로운 변화의 패러다임으로 전환시키려 했던 한 지식인의 외침을 말한다. 150여 년 전의 문장이고 중국의 전통 사상에 기초해서 서양의 선진 기법을 함께 설명하다 보니 글은 때로 부자연스럽고 어렵게 느껴질 수밖에 없다. 그러나 행간에 녹아 있는 그의 세계관은 시공을 뛰어넘어 지금도 여전히 유효하며, 그가 지적한 문제들 역시 지금 우리에게도 고언苦言이 되어줄 수 있을 것이라 믿어 의심치 않는다.

이 책은 2003년에 독자와 처음 만났고, 번역상 부족한 부분을 보완하여 이번에 새로이 개정판으로 출간하게 되었다.

2017년 7월
자한제自閒齊에서
옮긴이 이화승

제1장 도기론

《역경易經》〈계사系辭〉편에 이르기를 "도道는 형이상학적인 것이고, 기器는 형이하학적인 것이다"라고 했다. 도는 허무虛無에서부터 시작되었고 이理는 기氣의 출발이며, 이 기가 모여 태극太極이 되었다. 태극은 음양으로 나뉘고, 하늘은 땅을 감싸며, 땅은 그 가운데 있다. 양은 음을 감싸고 있으며, 음은 양을 감싸는데, 이것이 바로 《역경》에서 말하는 "양과 음의 조화가 바로 도이다"라는 또 다른 표현이다. 이후 2가 3을 낳았으며, 3이 만물을 낳아 우주 만물의 모든 것을 포함하게 되었다. 또한 1은 홀수이고 2는 짝수인데 이 둘이 합하고 교차하면서 음과 양이 생기고 비로소 만물이 갖추어진다.

만물이 기에서 생겨났다는 것은 바로 기器가 도道에서 유래했다는 것을 의미한다. 노자老子는 《도덕경道德經》에서 "태초에 하늘과 땅 사이에는 아무 이름이 없었으나 이름이 생김으로써 모든 것이 시작되었다"라고 했다. 이름이 없을 때는 기쁨과 노여움, 슬픔과 즐거움이 없어 중中이라 했고, 이름이 생겨 이를 경험하면서 절도에 맞는 행동을 하게 되면 이를 화和라 했다. 공자는 "사물에는 근본적인 것〔本〕과 기술적인 것〔末〕이 있고, 일에는 시작〔始〕과 끝〔終〕이 있다. 그 순서를 알면 도에 가까워진다"라고 했다. 만물에 본말이 있다면 도가 본이 되어야 하고 기가 말이 되어야 할 것이다. 또 일에 시작과 끝이 있다면 도로 시작해서 기로 끝을 맺

어야 할 것이다. 공자는 "군자는 모름지기 도를 구해야 하며,
풍요로움에 빠지지 말아야 하고, 도에 이르지 못함을 근심
해야지 가난을 걱정해서는 안 된다"고 했다.

옛날 헌원軒轅[3]은 광성자廣成子[4]에게 도를 구했고, 공자도
노자에게 예禮에 대해 구한 바 있었는데, 일찍이 요 임금은
마음을 다스리는 16글자의 비법을 전했다. 성인들이 하나같
이 이를 강조하여 천자부터 일반 백성까지 모두 몸을 닦는
기본으로 삼아왔다.[5]

사람은 하늘과 땅 사이에서 태어났다. 그리고 그 사이에는
하나의 중심이 존재한다. 그러나 진秦·한漢 이후 다른 학설
들이 난립하여 때때로 그 중요한 의미를 잃어버리곤 했다.
《대학大學》에서는 "지극히 선한 곳에 머물러야 한다"고 했
는데 이것이 바로 치우치지 않고 화합한다는 중화中和를 의
미한다.《중용中庸》에서는 안회顔回[6]를 "다른 사람의 장점
이라면 매우 조그마한 것이라도 가슴에 깊이 새겨놓았던 사
람"이라며 칭송했는데, 이것이 바로《중용》에서 말하는 도
인 것이다. 중은 근본이고 화는 통달이니, 중화에 이르면 천
하에 질서가 잡히고 만물이 생성한다. 이는 복희씨伏羲氏, 신
농씨神農氏, 황제, 요·순·우·탕·문·무왕 이후 중국의 모든
성인들이 전하는 진리로, 공자를 통해 후세에 전해졌다.

도는 우주라는 공간과 고금의 시간을 모두 포함하고, 하늘
과 땅을 탄생시켰다. 이는《중용》과《역경》에 이미 자세하
게 기술되어 있지만, 일반 유생들이 이해하기가 쉽지 않고,
또한 후천적인 형기론形器論으로 논할 성질의 것도 아니다.

18

《역경》에서는 형이상학과 형이하학이란 표현만 있고 자세한 설명이 없는 까닭에 그 정신을 진정으로 이해하기가 쉽지 않다. 고대의 과학 지식들 중《대학》의 〈격치格致〉편과《주례周禮》의 〈고공考工〉 편만 빼고는 모두 서양에 전해졌다. 그 결과 오늘날 서양의 제작 기술의 정교함은 이미 중국이 쫓아갈 수 없을 정도로 발전했다. 중국은 사물의 근본을 중시했지만 서양은 기술의 발전을 추구했다. 중국은 사물의 본질적 의미를 연구했지만 서양은 사물의 성질에 초점을 맞추었다. 진, 한 이래 중원 일대가 혼란에 휩싸여 문물을 보존할 수 없게 되자 학자들은 사물의 제작 원리보다는 그저 철학적인 논리의 담론에만 집착했다. 그 결과 우리는 눈에 보이지 않는 것〔虛〕에, 서양은 존재하는 것〔實〕에 매달리는 차이를 낳게 되었다. 그러나 허 안에 실이 있어 그 실이 바로 도이며, 실 안에 허가 있어 그 허가 기器라는 것을 알지 못했다. 허와 실이 만나면 사물의 본질과 기술을 모두 포함할 수 있지만, 나누어지면 한쪽에 치우치게 되어 불완전해진다.

공자 이전에 "복잡한 것에서 간단한 것으로 돌아온다(由博返約)"라는 말이 있었다. 복잡한 것〔博〕이란 무엇인가? 서양에서 중시하는 전기학, 광학, 화학, 수학, 중력학, 천문학, 지질학 등은 모두 반드시 근거를 바탕으로 진행되어야 하는 이른바 기에 속하는 분야이다. 무엇이 간단한 것〔約〕인가? 한마디로 이것은 사물의 근본을 포함하고 하늘과 사람의 관계를 꿰뚫는 것으로, 도에 속하는 것이다. 오늘날 서양 사람들이 변두리에서 핵심으로 돌아오고 있으니 이것이 바로 복잡한 것에서 간단한 것으로 돌아오는 것이다. 세상 모든 학문과 사상이 중국에 들어와 통일된 이론과 문자, 언어를 만들어 사상과 윤리라는 길을 열어놓았다. 그래서 본말과 허실이 교합하고, 철학과 과학, 물리가 융합되었다. 수백 년의 시간이 지나면 중국과 서양은 다른 교육 방식으로 인해 서로 달라지겠지만 공·맹의 가르침과 서양의 과학은 절충의 길을 찾을 수 있을 것이다. 과학을 하려면 먼저 성리학에 정통해야 한다. 그래야만 완전히 이해할 수 있다.

《신서新序》에서 "강한 자는 패업覇業으로 민심을 얻고 패업을 이룬 자는 왕업王業으로 다스린다"고 했다. 우리 청나라의 황제는 하늘의 정기를 받아 총명하여 요·순·문·무왕 이래 전해오는 하나의 법으로 천하를 다스렸다. 이제 여러 교육 기관을 널리 세워 인재를 육성하고, 상·하 의회를 세워 백성들의 의견을 모으고, 전력을 다해 농업과 상업을 진흥하여 부국富國의 근본으로 삼아야 한다. 또 해군과 육군을 정예화하여 외침을 물리칠 준비를 충실히 한다면 국가는 강성해져 패업을 이룰 수 있을 것이다. 천하를 통일하여 어짊과 사랑으로 만물을 지배할 수 있다면 천하 통일의 대업을 이루는 것도 그리 어려운 일은 아닐 것이다.

제2장 서학

오늘날 스스로 깨끗하다거나 혹은 군자라고 자부하는 이들은 서양의 사무〔洋務〕에 대해 이야기하려 하지 않는다. 그리고 누가 서양의 학문에 대해 이야기하려고 하면 그를 죄인시하거나 지식인층의 쓰레기들이라고 폄훼한다. 오늘날 미얀마나 베트남 같은 나라가 높은 식견을 가진 사람이 없어 저렇게 되었는가. 덕이 높고 재능이 있는 사람은 두려워하지 않고 현실 개혁에 뛰어들지만, 그렇지 못한 사람은 현실을 외면한 채 생활에 묻혀 살 뿐이다. 수확의 결과야 하늘이 결정한다 하더라도 사람의 일은 어떻게 할 것인가. 게다가 양무는 당면한 사업이다. 시국을 구하려면 증세에 맞는 처방을 해야 한다. 예를 들어, 왕이 중병에 걸리면 충신들이 나서야 하고 부친이 병을 얻으면 자식이 어떤 방법을 동원해서라도 명의를 모셔 오는 것이 당연한 일이다. 의학은 믿을 것이 못 된다면서 아무런 노력도 하지 않은 채 그저 앉아서 죽음을 기다리는 것처럼 바보 같은 일이 어디 있겠는가.

같은 이치로, 서학에 대한 토론 여부도 더 이상 왈가왈부할 것이 못 된다. 선인들은 천문 지리에 밝은 사람을 유생儒生이라 했다. 그리고 천문 지리를 모른다는 것을 유생의 수치로 여겼다. 오늘날 수학, 역법, 전기학, 광학 등의 기술은 모두 천문학에서 발전한 것이며, 지도에 따라 측량하고 경위經緯에 맞추어 곡식을 재배하며, 선박, 전차를 배치하는 기술 등은 지리학에서 발전한 것이다. 인문학은 방언과 문자를 기초로 하는데, 정치, 교육, 사법, 경제, 수공업 등이 모두 이로부터 발전했다. 만약 국가에 유리하고 백성에게 도움이 되는 학문이라면 그것을 간교한 기교라고 치부해서는 안 된다. 그러나 또 이러한 학문에 대해 쥐꼬리만 한 지식을 가지고 있으면서 그것을 무기 삼아 개인적 이익을 탐하려는 무리들이 있는데, 그들은 다른 나라들의 강성을 과장하고 지나치게 추종하는 자들이니 신경 쓸 필요가 없다. 그 나라가 강성해진 진정한 이유를 알지 못하면 근본을 외면하는 것과 무엇이 다르겠는가. 유학에 정통한 사람들이 귀한 까닭은 지식이 많아 현재의 사정에 능통하고, 타인을 존중하고, 경거망동하지 않고, 자신의 장점을 숨기고 단점을 피하려 하는 것이 쉬운 일이 아니기 때문이다. 이들은 중요한 일을 할 수 있는 비범한 사람들이다.

중국이 외국과 통상을 시작한 지 이미 수십 년이 지났고 이와 관련된 사고 또한 빈번하게 발생하는데 이를 해결할 인재는 크게 부족하다. 지혜를 갖춘 인재를 구하고 서방 각국의 언어와 정책, 법률, 풍속 등을 익히지 않는다면 어찌 장래의 변화에 대처할 것이며 주변 국가들을 호령할 수 있을 것인가. 더욱이 모든 정책이나 학문 등도 조금씩 모여 큰 산을 이루는 것이고, 심오한 도리도 짧은 지식에서부터 점차 깨우치게 되는 것이니, 이른바 천리 길도 한 걸음부터라는 자세가 중요하다.

서방 여러 나라의 학문은 경제·정치·국방, 조선·기계 제조학, 농업·어업·목축·광업 등으로 분류되는데, 한결같이 많은 연구 성과가 축적되어 있다. 그들은 전기·광학·화학 등을 이용해 수력·화력·풍력을 만들어서 잘 알지 못하는 분야를 개척함은 물론 예기치 못한 자연의 변화에도 대처할 수 있게 되었다. 이러한 학문들을 교육시킬 때는 간단하고 쉽게 이해할 수 있도록 해야 한다. 학문의 깊이가 얕아서라기보다는 오히려 지나치게 깊이 들어가는 것을 경계해야 하기 때문이다. 오랜 시간이 흐르면 교육받은 사람들은 학문이 한층 심화되고 점차《사기史記》와 수학에 심취하게 되며, 화학 등 다양한 학문에 다가가게 된다. 이것이 그렇게 많은 사람들이 학문에 정진하고 또 거기서 이름을 얻는 이유다. 현재 학자라고 자처하는 사람들은 제자백가의 경전을 읽지 않고 역사도 모르는 채, 서양 사람들이 서학을 창조했다는 사실에 놀라거나 아니면 이러한 기술들이 우리에게는 맞지 않는다고 비난하면서 별 가치가 없다고 폄훼하기도 한다. 이 얼마나 대조적인가. 옛날에 대요大撓는 갑자甲子를 정해 날짜를 기록했고, 신농씨는 쟁기 등 농기구를 만들었으며, 진시황秦始皇은 문자를 통일했고, 헌원은 의관을, 치우蚩尤는 다양한 무기를, 탕왕은 비차飛車를, 휘揮는 활을, 이모夷牟는 화살을 발명했다. 이것들을 발명했을 때 어느 누가 놀라지 않았겠으며 기적이라고 하지 않았겠는가. 더욱이 유구臾區는 별자리를 이용해 날씨를 예측했고, 황제의 신하였던 이수隸首는 삼각형을 발명했다. 지리학에서는 비개牌盖가 지도를 만들었고,《주례》에는 이미 수학이 등장했다. 관자管子는 지구가 둥글다고 했고, 기형璣衡은 천문의 변화를 측정하는 혼천의渾天儀를 개발하는 등, 중국에는 고대부터 측량의 개념이 있었다. 공수자公輸子는 병사 모양의 목각을 만들어 적을 물리쳤고, 묵적墨翟은 나무로 연을 만들어 하늘에 띄웠다. 제갈량諸葛亮은 나무로 소를 만들어 움직였고, 조충지祖庶之는 바람이나 물의 힘을 빌리지 않고 스스로의 동력으로 천리를 가는 배를 만들었다.

《주례》〈추관秋官〉에는 '상서象胥'라는 직책이 나오는데, 정현鄭玄[7]이 이를 통역관이라 해석한 것을 보아 번역의 역사 역시 상당히 오래되었음을 알 수 있다. 양수陽燧는 태양에서 불을, 방제方諸는 달에서 물을 얻었다 했으니, 우리가 사물의 원리를 연구한 것 또한 오래된 일이다. 고서에 의하면 화학의 원리에 대한 연구도 일찍부터 이루어졌다. 그래서 금속을 녹인 것과 바닷물을 부패시킨 것은 중량과 모습이 같을지라도 서로 다른 물체라는 것을 알았다고 한다. 또 고대에 이미 물체의 중량을 재는 법도 개발되었다. 뿐만 아니라 자기 모습을 볼 수 있는 거울을 일찍이 발견했다는 데서 중국 광학의 역사 또한 장구하다는 것을 알 수 있다. 이를 이용하여 확대경과 망원경도 개발되었다. 《항창자亢倉子》에서는 고체인 땅에서 액체인 물이 나오고 그 물에서 기체인 수증기가 나온다고 했으니 기체학 역시 발전했음을 알수 있다. 《관윤자關尹子》에서는 돌을 맞부딪치면 생기는 번쩍임이 천둥과 번개의 기체 반응과 같은 원리라고 했다. 《회남자淮南子》에서는 음양의 기가 부딪쳐 번개가 친다고 했다. 격렬한 충돌로 발생하는 전기로 인해 생성된 자성이 물건을 끌어당기며, 호박琥珀을 마찰시켜도 전기가 생기는데 가벼운 물건 정도는 끌어당길 수 있는 힘이라고 했다. 일찍부터 전기학의 원리도 알고 있었던 것이다. 아주 먼 옛날에 성현이 만물을 창조하여 백성들의 생활이 편리해지도록 했는데, 이를 형形, 상象, 수數, 기器, 물物이라 했다. 학교에서 아이들에게 시詩, 서書, 수數, 예藝, 사물의 원리를 가르칠 때는 이러한 모든 것이 기초가 되어야 한다.

독학을 하는 사람은 때때로 현실과 동떨어진 채, 실속 없는 팔고문八股文[8]을 배우거나 경전을 깨알 같은 글씨로 촘촘히 써 내려가는 무료한 작업을 반복하면서 능력과 시간을 쓸데없이 낭비하고 있다. 그런 무용지물에 정력을 쏟다 보니 자신의 학문이 황폐해지고 서학의 깊은 내용도 깨우치지 못한다. 서양인들은 우리의 좋은 전통 학문을 가져가서 그것을 세밀하게 연구하여 우리가 깊이를 알 수 없을 정도로 발전시켰다. 이는 귀족층에서 실종된 예의禮儀는 백성들에게서 찾아야 한다는 선인들의 말과 무엇이 다른가. 근대의 명인 강신수江愼修[9]는 중·외 측량학에 정통하여 신기한 기계를 많이 발명했다. 나무를 소 모양으로 깎아 논을 경작하기도 하고 교통 수단으로 이용했으며, 또 응답기를 만들기도 했다. 누가 중국인의 정교한 사고 방식이 서양 사람만 못하다고 할 수 있을 것인가. 중국에서 탄생한 중국 고유의 학문이 세계를 돌아 다시 중국으로 돌아온 것은 마치 외지로 보낸 말이 다시 돌아온 것과 같은 이치일진대, 우리는 오히려 서양의 학문이 중국에는 없는 것이라며 근심하거나 맹목적으로 서양을 칭찬하는 데 시간을 보내고 있다. 중국 서적을 읽을 수 있는 서양 사람들이 보기에 우리가 얼마나 한심하겠는가. 한 국가의 홍망성쇠에는 여러 가지 원인이 있다. 인재는 국가를 강하게 하는 기초가 되므로 서양이 강한 이유는 사람이 아닌 학문 때문이라고 할 수 있다. 그들과 경쟁하려면 총·대포·군함뿐 아니라 서양의 학문도 배워야 한다. 오늘날 서양을 배우는 사람들은 그저 언어나 어설프게 조금 배워서 자기 밥벌이 하기에 급급하다. 그래서 정교하고 광범위한 학문인 서학을 제대로 익히지 못하고 있다. 따라서 학문을 좋아하는 사람들은 먼저 중국학을 철저히 배워서 중·서 학문의 위상에 대해 분명히 깨달아야 할 것이다. 다시 말하면 격치 제조학이 학문의 기초이고 언어나 문학은 그 다음이다. 중국학이 기초라면 서학은 보조학인 것이니, 이러한 이치를 알고 양자의 완급을 조절하여 적절하게 보완한다면 교육의 효과는 더욱 클 것이다.

혹자는 이렇게 물을 것이다. "당신 말대로 팔고문을 폐지하고 서학으로 시험을 본다고 하면, 서학은 인재를 배출하는 가치 있는 학문이고 팔고문은 일고의 가치도 없다는 말이 되는데, 그렇다면 어떻게 수백 년간 과거 제도로 인재를 배출할 수 있었단 말인가? 린원중林文忠과 후원중胡文忠, 정원정曾文正 등[10] 모두 과거 출신으로서 병권兵權을 가지고 발發, 염군捻軍과 회回, 묘苗족의 반란을 제압하여[11] 그 공이 역사에 남았는데 이들이 모두 서학에서 지식을 얻었단 말인가? 지금 베이징에는 동문관同文館, 각 성에는 광방언관廣

方言館, 수사무비학당水師武備學堂 등이 있어 서학으로 인재를 배출하는 곳은 아주 많다. 그러나 아직 이러한 곳들에서 국가와 백성에게 공헌하는 인재가 배출되었다는 소리를 들어보지 못했다. 도대체 서학의 효과는 어디에 있는가?" 나는 이렇게 대답하겠다. "그렇지 않다. 지금은 다른 나라들과의 관계로 인해 그야말로 전대미문의 국면을 맞고 있다. 국가간의 교섭에서 적용되는 법규 역시 예전에는 없었던 것이다. 만약 옛것에 집착하여 구습만을 되풀이한다면 어떻게 외침을 막아내고 나라를 안정시킬 수 있을 것인가. 사람들은 팔고문을 중시하고 서학은 가볍게 여긴다. 위에 있는 사람들이 중시하면 아래에 있는 사람들은 더욱 관심을 가질 것이다. 그러나 관리들이 무시하면 아랫사람들은 그것을 거들떠보지도 않는다. 후원중, 정원정은 둘 다 젊어서 과거에 합격한 사람들이다. 하지만 관직에 오른 뒤 일찍 팔고문을 포기하고 전력을 다해 경제 등의 학문을 연구하여 비로소 큰 공을 세우게 되었다. 이것은 과거가 인재를 중히 여기는 제도이지만 팔고문이 인재를 배출한 것이 아니라는 것을 말한다. 따라서 팔고문을 폐지하지 않고는 진정한 인재를 양성할 수 없고 실용 학문을 발전시킬 수 없으며, 서학을 중시하지 않으면 인재는 배출되지 않을 것이다. 팔고문에 쏟는 힘을 서학 쪽으로 바꿔야 한다. 그리고 이를 격려하고 북돋아준다면 몇 년 뒤에는 많은 인재들이 배출될 것이다. 염군이나 회, 묘족 등은 모두 오합지졸들로 일본이나 서방 열강 등 훈련된 군대와는 비교가 되지 않는다. 오늘날에는 후원

중, 정원정이라도 반드시 서학을 이용해 군대를 훈련시켜야
만 외침을 막아낼 수 있을 것이다. 동문관이나 광방언관은
비록 인재들을 모아 서학을 가르친다고 하지만 주로 언어
교육을 할 뿐이다. 따라서 천문 지리, 수학, 화학에 대한 교
육은 주마간산走馬看山 격일 수밖에 없다. 수사무비학당 등
은 개항 항구에만 설립되어 있는데 수적으로도 많지 않고,
또 서학을 과거만큼 충실하게 가르치지도 않는다. 위에서
군대를 중시하지 않기 때문에 아랫사람들도 선호하지 않는
다. 좋은 집안 자제들은 아예 군대에 가지 않는다. 군대가 가
난한 사람이나 범죄자들을 모아 겨우 수를 채우고 있으니,
이런 사람들을 교육시켜 어찌 훌륭한 인재가 나오기를 기대
할 수 있단 말인가. 아시아의 정세는 매우 긴박해서 강국들
이 호시탐탐 기회를 엿보고 있는 등 위기가 눈앞에 닥쳐 있
는데 어찌 구법에만 얽매여 있을 것인가."

제3장 의회

국가의 근본은 민심을 얻는 것이며, 그 관건은 민정을 잘 살피는 것이라고 한다. 공자는 "백성들의 생활이란 성현들이 일구어놓은 논밭과 같다"고 했다. 그렇다면 어떻게 해야 백성들의 생활을 잘 살필 수 있는가. 서양의 의회가 가장 좋은 방법이다. 의회는 공개적으로 정치를 논하는 장소다. 서양의 의회는 백성의 의견을 모아 백성에게 더욱 많은 이익을 가져다 주고, 그들 중에서 인재를 선발하여 국가를 관리하게 하는 등 모든 것을 공정하게 처리한다. 의회에 참여하는 사람들은 정직하고 바른 마음을 가지고 임해야 한다. 의원이 없으면 군주와 백성 사이에 거리가 생겨 여러 모순이 발생한다. 국가의 힘은 권력이 분산됨으로써 나뉘고, 권력이 분산되면 국가의 힘 또한 쇠약해진다. 이렇게 되면 비록 세계에 공법公法이 존재하지만 공정하지 못하기 때문에 열강의 침략과 멸시를 받게 된다. 따라서 공법으로 국가를 유지하려거든 먼저 의회를 설립하고 민심을 안정시켜야 한다. 서양의 모든 나라는 의회를 설립하여 큰일이 일어날 때마다 의원을 통해 의견을 모으곤 한다. 그리하여 백성에게 불리한 일은 하지 않고 백성이 할 수 없는 일은 억지로 시키지도 않는다. 이를 위해서는 집정자와 백성이 한마음 한뜻이 되어야만 한다. 그렇게 되면 우리가 주변의 국가를 얕보면 얕보았지 감히 그들이 우리를 경시하지는 못할 것이다. 백성은 강력한 군대, 견고한 무기, 새로운 물건만 있으면 세계를 제패할 수 있다고 생각하지, 정작 외세의 침략을 받았을 때 국가가 한마음이 되어 저항하는 것이 가장 중요하다는 것을 모르고 있다.

의회는 나라마다 조금씩 다르지만 대개 상·하 양원으로 구성된다. 상원은 황제와 가까운 거리에 있는 황실의 친척들과 관리들로 구성되고, 하원은 백성과 근접해 있는 덕망 높은 신사들과 원로, 지식인, 기업인으로 구성된다. 이들은 모두 백성들의 투표에 따라 선출된다. 국가에 중요한 일이 생기면 먼저 하원에서 토론하고 그 내용을 상원에 보낸다. 그리고 상원을 거쳐 황제에게 보고한 뒤 황제가 중요 사항의 실시 여부를 결정한다. 만약 의견이 나뉘면 양원에서 다시 심의해 의견을 집결해야만 일이 실시될 수 있다. 국방에 관한 중요 사항은 황제가 결정하고 그 지출은 규모에 상관없이 의회의 심의를 거쳐 집행된다. 이 경우 백성들은 설사 부담이 되더라도 불만을 표시하지 않는다. 만약 의회가 없다면 백성이 어떻게 반대 의사를 표현할 수 있을 것인가.

그러나 미국의 경우에는 의회가 지나치게 많은 권한을 가지고 있는데, 이는 백성이 주인이라는 의식 때문이다. 프랑스 의회에서는 아우성치고 소란한 모습을 자주 볼 수 있는데 이는 프랑스인의 기질과 연관이 있다. 오랜 역사와 완전한 제도를 갖추고 있는 것은 역시 영국과 독일의 의회이다. 영국의 상원은 정원제가 아니고 당시의 정황에 따라 의원수가 결정된다. 관직도 마찬가지며, 유능한 사람에게 자리를 맡긴다. 상원은 왕의 친척, 귀족, 대주교와 스코틀랜드의 귀족들로 구성되는데 스코틀랜드 귀족은 종신직이며 다른 관직은 7년마다 교체된다. 하원은 지방의 크기와 그곳 백성 수에 따라 백성이 직접 선출하며, 만약 선거가 불공정할 때는 결과를 무효로 하고 관련자를 처벌하기도 한다. 하원은 정책을 다루는 곳이므로 사무가 많고 사람도 많아 400~500명이 일요일을 제외하고는 쉬지 않고 일을 한다. 한더위인 대서大暑를 전후하여 회기가 끝나면 의원들은 휴가를 떠났다가 입동이나 입춘 때 다시 돌아와 의회를 연다. 상원 의원은 단독으로, 하원 의원은 공동으로 황제를 수시로 만날 수 있다. 의사당에서는 재상, 대신들과 의견이 같으면 의장의 우측에, 그들과 의견이 다르면 왼쪽에 앉으며 중립적인 사람들은 앞줄에 세로로 앉는다. 다른 나라의 공사들도 이층에서 참관할 수 있는데 독일의 경우도 이와 비슷하다.

의회가 설립된 후 국가의 정치 강령이 세상에 발표되었고 그 결과 군주, 재상, 대신, 백성들이 이를 명확하게 이해할 수 있었다. 위아래 거리가 없어지고 전국이 한마음이 되어 움직이니 비로소 질서가 잡혔다. 예전의 군주는 매일 황궁에만 있으면 그만이었다. 그러나 이제는 무능한 군주라도 폭정을 할 수 없고 높은 지위의 신하들도 함부로 권력을 휘두르지 못하며 모든 관리들이 자신들의 업무에 책임을 지다 보니 백성의 원망도 사라졌다. 따라서 불과 몇 대 만에 나라가 멸망하거나 어느 날 갑자기 사라지는 일은 일어나지 않았다.

중국의 역대 황제들은 대대로 황제의 자리를 계승받았기

때문에 모두 백성들의 존경을 받았다. 훌륭한 황제와 좋은 신하라도 얼마든지 의견 차이가 있을 수 있는데, 그때는 신하가 시를 지어 자신의 의견을 솔직하게 표현하곤 했다.《상서尙書》〈홍범洪範〉에는 황제가 중요한 일을 결정할 때 백성의 의견을 물었다는 기록이 있다. 반경盤庚[12]이 수도를 옮길 때 백성의 의견을 참조했던 경우가 그렇다. 이렇게 위아래가 교감을 가져야만 국가가 평안하고 그렇지 못하면 불안했다. 상제上帝는 황제를 보내 백성을 다스리게 했으므로 황제가 배라면 백성은 물에 비유할 수 있을 것이다. 물은 배를 뜨게 할 수도 있고 뒤집을 수도 있다. 예로부터 국가의 흥망성쇠의 관건이 바로 여기에 달려 있었다. 오늘날 중국은 다른 나라의 통상 요구를 거절할 수 없는 상황이 되었으니 부득이 공법으로 그들을 제한할 수밖에 없다. 공법이 효율적으로 운영되려면 반드시 먼저 의회를 설치하여 백성의 힘을 모아야 한다. 그런 뒤에라야 국가의 위엄을 세울 수 있고 외세의 침입도 막을 수 있다.《손자병법孫子兵法》에서도 "도라는 것은 백성의 생각이 군주와 같아 군주를 위해 기꺼이 죽을 수 있어야 하며 위험을 겁내어서는 안 되는 것"이라고 하지 않았던가.

영국은 불과 세 개의 작은 섬으로 된 나라로 크기는 중국의 몇 개 성 정도에 불과하고 인구도 많지 않다. 그러나 국토가 나날이 늘어나고 그 위엄이 널리 퍼져 서방의 패주가 되었다. 무엇 때문일까. 이것도 의회 설립으로 전국이 한마음을 이루어 백성의 사기가 충천했기 때문이다.

중국 인구가 이미 4억을 넘었으니 의회를 설립하여 백성을 독려하면 몸에서 팔이 움직이고 그 팔에서 손가락이 움직이듯이 4억 인구가 하나 되어 세계를 제패하는 것도 그리 어려운 일이 아닐 것이다. 외국이 멀리 이곳까지 와서 그들 마음대로 우리를 유린하며, 무리한 요구를 하고, 문제만 생기면 무력으로 야욕을 채우려 하니 공법이 무슨 소용이 있겠는가. 그러나 의회가 있으면 큰 일에는 큰 대로 작은 일에는 작은 대로 공법이 효용을 발휘할 것이다.

국가의 흥망에서 가장 중요한 것은 바로 인재의 육성에 있다. 그리고 유능한 인재를 모으는 것은 선발 방법에 따라 좌우된다. 의회는 백성을 위해 세운 것이므로 구성원인 의원들은 백성들이 직접 선출한다. 이때 한 사람이 모두를 선출하면 개인적인 감정이 개입될 수 있으니 다수가 참여하여 공론에 따라 의원을 선출한다. 그러나 선거가 비록 백성의 의견을 듣는 것이라고는 하나 국적을 취득한 지 10년이 안 된 사람, 연령이 30세 이하인 사람, 재산이 없고 뚜렷이 하는 일이 없는 사람, 지식이 없는 사람, 사회적 명망이 없는 사람을 의원으로 뽑아서는 안 된다. 그래야만 폐해를 차단할 수 있다.

서양 각국에서는 의원들의 논의 내용을 숨김없이 그대로 공표한다. 아침에 논의한 사항이 저녁 신문에 나와 모두가 알게 되고, 잘한 일에는 아낌없는 칭찬이 이어지지만 잘못한 일에는 비판이 끊이지 않는다. 백성의 공감도가 인재 기준의 척도가 되는 것이다. 인재가 배출되면 국가는 급속도로 발전한다. 따라서 중국 고유의 향거리선鄕擧里選 제도[13]에 서양의 투표 제도를 접목시켜 인재를 선발하고, 각 성마다 신문사를 많이 세워 의회 내에서의 토론 내용을 공표하면 천하의 똑똑한 인재들이 모여 자신들의 포부를 마음껏 펼칠 수 있을 것이다. 군주도 혼자서 힘들게 국사에 매달릴 필요가 없고 백성 또한 하루 종일 무료하지 않을 것이다. 군주와 백성이 힘을 합해 최선을 다하면 된다. 통일된 가치 기준과 상벌 규정도 생길 것이다. 중국은 땅이 넓고 인구가 많으니 모두가 힘을 합해 먼저 근심하고 나중에 기쁨을 나눌 결심을 한다면 누가 감히 우리를 넘볼 것인가. 외국의 적들이 감히 우리를 경시할 수 있을 것인가.

어떤 이는 "한대의 의랑議郞, 당·송의 대간어사臺諫御史 등이 바로 오늘날 서양의 의회가 아니던가"라고 반문한다. 그러나 이들의 작위는 군주가 하사한 것이었고 인사 역시 잘된 것만은 아니었다는 것을 모르고 하는 말이다. 관직은 주로 상층 귀족에게 맡겨지니 하층 백성의 고충이 잘 반영되었다고 보기는 어렵다. 또 백성이 평소 그들의 행동을 살펴볼 수도 없고, 어질고 우매한 것에 대한 일정한 기준을 가지기도 어려웠다. 이렇다 보니 그들이 사사로운 이익을 위해 무리를 지어 부패를 저지르는 폐단이 생겨난 것이다. 이를 어떻게 서양의 현대식 의회와 비교할 수 있겠는가. 의회에서 관리와 의원들은 모두 평등하며, 또 백성들에 의해 선발되기 때문에 민간의 사정을 잘 이해하고 개인적인 이익에 집착하지 않는다.

따라서 공법을 실행하는 데 가장 중요한 것은 국가의 힘을 세우는 일이다. 이를 위해서는 민심을 얻어야 하고, 민심을 살피기 위해서는 바로 의회 제도를 받아들여야 한다. 중화 민족이 스스로를 약한 존재로 여겨 부국강병으로 강대국이 되기를 원하지 않는다면 그만이다. 그러나 만약 국내를 안정시키고 외세의 침략을 막아 국가를 보위하고 백성을 보호하며 공법으로 태평세월을 구가하고자 한다면 반드시 의회를 출발점으로 삼아야 한다.

영국을 보자. 규모가 작은 군주국임에도 인사나 행정을 모두 상하원의 의원들이 결정하여 자신의 나라보다 20여 배 큰 땅을 지배할 수 있었다. 의회를 세운 효과는 이렇게 명확하다. 일본도 의회를 운영한 후 급속도로 발전하여 서방 열강들처럼 강국이 되었고 지금은 우리 중화 민족을 능멸하고 있지 않은가. 그런데도 의회를 실행할 수 없다고 할 것인가. 다만 이는 반드시 학교를 세워 인재를 양성한 이후에 실행해야 할 일이므로 하루아침에 완성할 수는 없을 것이다.

오늘날 공경대부들은 고서를 많이 읽어 고대의 일에는 밝지만 현대에 대한 이해는 부족하다. 반면 분방한 젊은이들은 서양의 서적을 두루 섭렵하여 현대에는 밝지만 고대의 일은 잘 알지 못한다. 양자가 자기만의 고집을 앞세우니 충돌하는 것이다. 그렇다면 중국의 4억 인구 중에 고금의 이해 利害를 알고, 중·외 정세에 대한 거시적인 시각으로 손익을 헤아려 부강한 국가 건설의 기초를 닦을 인재는 없단 말인가. 우리는 리더십을 지닌 인재를 많이 가지고 있었지만 그들은 제대로 중용되지 못했다. 설사 대권을 손에 쥐더라도 그들은 자신이 모든 것을 다 할 수 있다고 생각해서 지원 세력보다는 견제 세력만 키우고 말았다. 따라서 어떤 일을 새로 시작하려 해도 의견이 분분하여 결론을 내지 못하는 경우가 많았다. 심지어 개혁을 하려고 하면, 전임자가 만들었던 법을 바꾸려 한다는 많은 유언비어가 퍼지며 중상모략의 상소문이 쇄도하니 조정에서도 어쩔 수 없이 그 인재를 탄핵할 수밖에 없었다. 구습을 따르기만 하면 태평한 것처럼 보여 일시적인 안정을 얻을 수 있을지 모른다. 그러나 포부를 가진 인재들은 실망하여 뜻을 접게 되고 국력은 나날이 약해지는 것이다.

서양 사람들은 이러한 중국 인재들의 약점을 지적하면서, 중앙에 있는 관리들은 책임을 지려 하지 않고 소소한 일에 집착하며, 지방 관리들은 적당주의와 나태에 빠져 있다고 했다. 이것은 대단히 심각한 폐해로 하루빨리 없어지지 않으면 안 된다. 어떻게 없앨 것인가. 한마디로 의회가 최선의 방법인 것이다.

혹자는 의회가 서양에는 적합할지 몰라도 중국에는 맞지 않는다거나, 고대라면 몰라도 현대에는 맞지 않는다고 말하기도 한다. 그러나 이것은 전체를 보지 못하고 중·외의 사정을 잘 알지 못해 하는 말이다.

나는 세계 각국의 역사를 공부하면서 각 국가의 흥망성쇠에 대해 연구하고 그 원인에 대해 깊이 생각해보았다. 세계 오대주에는 군주가 다스리는 나라도 있고 백성이 주인인 나

라도 있으며 군과 민이 함께 다스리는 나라도 있다. 군주가
주인인 나라는 상층에, 백성이 주인인 나라는 하층에 국가
권력이 편중되어 있으나 둘이 함께 다스리는 나라는 상하가
균형을 이루고 있다. 모든 일은 상·하 양원에서 토론을 거쳐
결정되지만 여전히 군주의 동의가 있어야 한다. 군주가 그
것을 허락하고 서명을 하면 집행이 가능해진다. 만약 군주
가 동의하지 않으면 의원들은 다시 토론을 해야 한다. 법이
완전하고 사고가 세밀할 수 있는 것은 모두 상하의 세력이
균형을 이룬 결과이다. 이러한 제도가 확립되어야만 백성의
마음이 확실하게 하나가 될 수 있다.

제4장 공법

공법은 세계 각국 사이의 중요한 약속이다. 중국은 세계 어느 나라보다도 먼저 이를 정한 바 있다. 요 임금 때부터 실시한 봉건제도는 진이 6국을 통일하면서 군현제로 바뀌었고 한·당대 이후 여러 왕조를 거치면서 지금까지 계속되고 있다. 변화가 있었다면 주변 국가들을 속국으로 봉하거나 영토가 변하는 정도였으며 예악禮樂 존중 사상은 그대로 지속되었다. 예악은 서로를 유지하고 보호해줌으로써 전체 국가가 천자天子라는 하나의 중심에 귀의하도록 유도했다. 천자의 존재를 인정하다 보니 내외의 분열이나 국가의 방어도 한 사람에게 집중되지 않을 수 없었다. 혹 누가 자신이 천하를 다스린다고 말을 했더라도 실제로는 천하를 다 점유한 것이 아니라, 단지 천하 속의 한 국가를 다스린 것이었을 뿐이다. 이 점을 알아야만 비로소 공법을 이해할 수 있다.

공법은, 자신의 나라가 여러 나라 중의 하나라고 인정하며 서로의 관계를 유지할 뿐 통합하려 하지 않는다는 것이다. 서로의 관계를 유지한다는 것은 무엇인가. 이것은 서로의 법률을 살펴 새로운 법칙을 만든다는 것이다. 언어, 문자, 정치 제도, 풍습 등을 하나의 형태로 만드는 것은 어렵지만 옳고 그른 것, 좋고 나쁜 것에 대한 사람들의 인식은 그리 다르지 않기 때문이다. 따라서 교류, 통상, 조약에 관한 법률을 만들 수 있다. 풍습이나 습관과 관계없이, 법이 없으면 연합하고 통합할 수 없다. 이것 역시 법을 강조한 것이다.

군주 국가든 민주 국가든 군과 민이 함께 다스리는 국가든 그것은 각 나라의 사정이므로 다른 나라가 간섭해서는 안 된다. 법은 타인에게 간섭하고 간섭당하는 것을 방지한다. 따라서 세력의 균형을 이루고 서로를 보호하기 위해 법이 필요한 것이다. 국가가 크든 작든 법이 없으면 성립할 수 없다.

《이아爾雅》〈석훈釋訓〉 편에서 "법은 일상적인 것으로서 항상 지킬 수 있어야 한다"고 했다. 《석명釋名》에서는 "법은 강요하는 것으로 그 제한이 있다"고 했다. 군주들이 나라를 다스리는 데 일정한 법규를 가지고 있지 않다면 크고 작은 국가들이 서로를 보호하고 화목을 유지할 수 있을 것인가. 그들이 이 법으로써 우리를 대하고 우리도 이 법으로써 그들을 대하기를 모두 바랄 것이다.

게다가 천하가 공인하는 좋고 나쁨의 기준으로 문제를 처리하고 그 시비를 신문에 발표하여 역사에 기록하고 그것을 교훈으로 삼는다면 이것 역시 공법을 유지하는 중요한 힘이 될 것이다. 그래서 공법은 세계 각국의 중요한 약속이다.

서양 각국이 강한 군대와 정교한 기술로 지구를 한 바퀴 돌면서 세계를 제패할 수 있었던 것은 기차와 윤선輪船으로 대표되는 힘 때문이었다. 중국이 바다로 나가는 것을 금지하는 해금海禁 정책[14]을 폐지하고 신뢰를 바탕으로 외국과 화목을 도모하며 서로 사절을 파견한 지도 이미 여러 해가 되었다. 또 동문관을 열어 서학을 가르치고 공법을 번역하면서 여러 연구도 시작했다. 이는 상당한 발전이다. 그러나 외국과 맺은 조약에서 통상 한 가지만 보더라도 문제가 아주 많음을 알 수 있다. 예를 들어 "한 나라가 유리한 조약을 맺으면 다른 나라들은 모두 그 혜택을 볼 수 있다"라는 내용이 어찌 가능할 것인가. 중국의 선박이 외국에 갔을 때 다른 나라보다 몇 배나 더 무거운 세금을 내는 까닭은 무엇인가. 중국이 다른 나라의 상품에 대해 걷는 관세는 적은데 다른 나라들은 중국 상품에 대해 세금을 많이 걷는 까닭은 또 무엇인가. 외국인이 중국에 올 때는 인두세를 내지 않지만 외국은 중국인에 대해 아주 무거운 인두세를 매기고 있다. 뿐만 아니라 최근 영국과 미국은 추방령을 내려 우리의 상공업자들이 그곳에 가서 무역하는 것을 금지하고, 그곳에서 오랫동안 살아온 우리 상인들에게도 다시 인두세를 걷는다고 하니 지나치게 각박한 처사가 아닐 수 없다. 이런 불합리한 일들을 두고 어떻게 공평을 논하겠는가. 공법을 논하는 사람들은 1858년 영국, 프랑스, 러시아, 미국 4개국이 앞으로는 중국을 공법 외의 국가로 보지 않겠다는 조약을 중국과 맺고 또 공동으로 공법의 이익을 향유하겠다는 부칙까지 달아놓았다고 말하고 있다. 이 얼마나 황당한 일인가.

그렇다면 어떻게 해야 할 것인가. 공법은 통상을 위해 제정한 것으로 쌍방의 이익을 위해 수시로 고칠 수 있는 것이다. 세금을 걷는 것은 각 나라가 스스로 정하는 것이다. 비록 한쪽의 힘이 더 강하다고 해도 주권을 가진 나라를 위협하여 자기 마음대로 공법을 정할 수 있는 것은 아니다. 당연히 어떤 조약은 우리에게 불리하고 어떤 세법은 우리의 법률에 위배된다고 여러 나라에 분명히 말해야 할 것이다. 조약의 기간이 만료되면 바로 공법을 다시 논의해야 한다. 통상을 위해 정한 조약이 아니라면 사절단을 파견하여 중국의 법률과 만국의 공법을 비교하고 지킬 것과 따로 시행할 것을 정하면 되는 것이다. 서로 다른 것은 절충하여 가장 합당한 방법을 찾아 조약을 맺고 잘 지켜나가면 된다. 이것을 지키지 않는 나라에 대해서는 여러 나라들이 질책을 하고 배상을 하게 하여 나누어 가지면 된다. 만약 따르지 않겠다고 고집하면 여러 나라들이 군사 행동을 통해 응징하면 될 것이다. 현명한 지도자를 선택하여 다스리게 해야 한다. 그래야만 공법이 효력을 가질 것이고 평화 국면을 유지할 수 있다.

오랜 시간 모든 공법이 유지되어왔지만 공법을 지키지 않는 국가도 있다. 국가의 세력이 비슷할 때는 공법을 유지하는 것이 가능하나 한 국가가 지나치게 강하거나 약하면 공법을 집행하기가 쉽지 않다. 나폴레옹의 경우가 그렇다. 그가 강했을 때 그는 공법을 지키지 않고 다른 나라를 마음대로 농락했지만 아무도 그를 제어하지 못했다. 오키나와, 인도, 베트남, 미얀마 등 약한 국가들은 항상 강국의 지배를 받아왔기 때문에 모두가 그들을 동정하지만 누가 과연 공법으로 그들의 문제를 해결하려 하겠는가. 또 프랑스가 독일에게 점령당하자 러시아는 바로 흑해 조약黑海條約을 수정하여 프랑스인들을 압박했지만 프랑스는 속수무책이었다. 공법은 본래 의지할 만한 것이지만 그렇다고 모든 것을 해결해주지는 않는다.

원래 공법은 애매모호한 부분이 많다. 예를 들어, 조약을 맺은 쌍방 가운데 한쪽이 조약의 내용을 명확하게 위배했다면 비록 조약이 있더라도 이미 그 실효성은 사라졌다고 할 수 있다. 조약의 폐지 여부는 손해를 보는 쪽이 결정한다. 쌍방이 관계를 악화시키고 싶지 않다면 양국은 조약을 그대로 유지하면 된다. 상대방이 지키지 않은 부분에 대해서 그대로 놓아두든가 이해하든가 혹은 배상 요구를 하는 것이 모두 가능하다.

이렇게 본다면 공법 역시 일종의 '속 빈 강정'일 뿐이다. 강국은 이를 이용해 다른 나라를 제압할 수 있지만 약소국은 참아야 한다. 힘을 키워 강해져야만 공법의 혜택을 볼 수 있지, 약하면 수백 개의 공법이 있다 한들 무슨 도움이 되겠는가.

제5장 선교

중국과 서양 각국 사이의 우호 관계에 자꾸 문제가 생기는 것이 중국 내에서의 선교宣敎 때문이라면 왜 이것이 문제가 되는 것일까. 예전에 중국이 각국과 조약을 체결할 때 조약의 내용에서 통상과 선교 두 사항이 가장 중요했다. 무역과 통상은 이미 보편적인 일이 되어 국가의 부강에 실질적인 영향을 미치므로, 무역에 관한 법률이 상당히 정비되어야만 외국인들이 마음대로 이익을 가져가지 못한다. 국가가 강성해지기 위해서는 일본처럼 관세에 관한 조항을 새로 정하고 상업을 발전시켜야 한다. 서양 각국처럼 연해의 개항 항구에서만 무역을 허락하고 내륙에서의 활동을 금지한다면 크게 근심할 필요는 없을 것이다. 그러나 선교는 다르다. 선교 때문에 일어나는 대부분의 사건은 선교사들이 꼭 내지에 들어가기를 고집하고, 또 내지에서 교회에 나가는 이들의 배경과 동기가 복잡한 탓에 발생한다. 문제가 발생하면 그들은 우리 중국인들이 서양 법률에 무지하기 때문에 일처리가 늦어진다며 무조건 무력을 앞세워 위협한다. 우리가 양보하여 타협을 한다면 우리가 겪어야 하는 억울한 경우는 더욱 늘어날 것이고, 백성이 교회에 품게 되는 원한도 깊어질 것이므로 교회와 관련된 사건은 끊이지 않을 것이다.

서양의 기독교는 세 가지 교파로 나뉘어 있다고 한다. 그중 한 분파인 천주교는 유태인 지역에서 전래되어 로마, 이탈리아에서 성행했고, 프랑스, 포르투갈, 벨기에 등의 국가들이 이 교파를 믿었다. 다른 한 파인 예수교는 게르만족이 믿기 시작하여 영국, 독일, 미국, 덴마크, 네덜란드, 스웨덴, 노르웨이, 스위스 등에 전파되었다. 마지막으로 그리스도교는, 최초로 서양 문자를 창제한 그리스인들이 믿었는데 그 범위가 너무 넓어 따로 모임을 결성한 것이다. 소아시아, 유럽 동부의 러시아와 그리스가 이 교파를 믿었다. 기독교는 때때로 분열과 통합을 거치고 이름을 달리하며 발전과 쇠락을 거듭했지만 그 원류는 하나이다. 모두 신·구약 성서에 기초를 두었으며, 신약 성서에서는 하나님의 아들인 예수가 강림하여 행복과 죄악의 이치로 사람들에게 선한 행동을 권했다고 했다. 당시 서방 각국이 전쟁을 치르느라 혼란스러워 종교를 창시한 사람들은 매우 고통스러웠다. 그들은 천여 년 동안 무리를 지어 이단을 처단하느라 끊임없이 다투었고 백성들은 종교전쟁의 고통에 시달려야 했다. 들판에는 시체가 즐비하고 교회는 서로 분파를 만들어 싸움을 심화시키니, 이 모두는 창시자가 상상도 할 수 없었던 모습이다. 십자군 동정東征 중 러시아와 터키의 전쟁이 특히 심했다. 훗날 교회가 도덕과 학문이 같이 발전하면서 자체 정화를 통해 구태를 벗게 되었다. 유럽과 미주에서는 영국과 미국의 교회가 중요한 영도력을 발휘한 탓에, 예수교가 국교라고 해도 지나친 표현이 아닐 정도가 되었다. 인생에서 종교 없는 생활은 불가능할지 모른다. 무척 외진 곳에서 예절도 모르는 채 우매한 삶을 살고 있는 사람이 있다면 예수교 선교사들은 그곳까지 가서 그들을 교화하고 인도하여 모든 나라가 사이 좋게 지내며 평화를 구가하게 만든다.

예수교가 중국 내지에 들어온 이후 이 종교를 해하려는 세력이 있다는 소리를 들어본 적이 없다. 영국, 미국, 프랑스가 예수교를 보호하려 하나 그럴수록 선교에 어려움을 겪는 것은 무엇 때문인가. 선교는 무엇보다 교화와 계몽 위주로 이루어져야 한다. 그리고 그것은 마음을 인도하는 것이 되어야지 세를 불리는 것이 되어서는 안 된다. 교회에 나가는 많은 사람들은 진정으로 교회를 믿고 그 뜻에 따르며 규율을 엄격하게 지켜 자신의 분수를 알아야 한다. 그러나 불량한 사람들이 종교를 등에 업고 법을 어기며 난을 부추겨 못된 일을 자행하고 있다. 선교사들이 단지 사람을 많이 불러 모아 명성을 얻으려는 조바심에 물불을 가리지 않기 때문이다. 선교사들의 의도는 본래 좋은 것이니, 신도들의 옳고 그름을 따져 잘못이 있을 경우에는 위법 사실을 허용하지 말고 교회의 계율로 엄히 다스려야 할 것이다. 그러나 아쉬운 것은 지방 관리들이 교회의 계율에 대해 거의 알지 못한다는 사실이다. 또 서양의 법률이 상당히 합리적이란 것을 모르는 지방 관리가 그저 서양 세력이 무력으로 쳐들어올 것을 두려워하여 선교사에게 일방적으로 유리하게 판결을 내리니, 많은 백성들이 억울함을 느끼고 교회에 대해 날로 큰 원한을 품게 되어 보복을 하려 든다. 또 어떤 관리들은 신도들을 경시하여 공정한 판결을 내리지 않음으로써 선교사들에게 항의를 듣고 결국 큰 화를 자초하게 된다. 교회가 파괴되고 선교사들이 화를 입어 백성들과 교회가 싸우는 상황이 계속 발생하는 것이다. 서양 선교사와 중국 관리들이 현명하다면 이러한 일들에 대해 부끄러움을 가지고 반성해야 할 것이다. 공정하다면 사람들이 마음으로 느끼기 때문이다. 한 예수교 선교사가 비록 그의 신도가 해를 입었지만 하느님의 따뜻한 마음을 실천하기 위해 고소하지 않았다는 이야기를 들은 바 있다. 그러나 그러한 선교사를 만난다는 것은 너무나 어려운 일이다.

선교사는 종교 교리를 실천해야 하므로 이를 위해서라면 죽음이라도 기꺼이 받아들여야 한다. 아무리 모욕적이라도, 예수 말씀처럼 누가 왼쪽 뺨을 때리거든 오른쪽 뺨도 내밀 수 있어야 한다. 굴욕을 참고 포용력을 발휘하면 사람들이 자연히 따를 것인데 무엇 때문에 굳이 무력을 사용해 힘을 과시하려 하는가. 조정 대신들이 사건을 처리할 때, 그들이 그 사건과는 너무 멀리 떨어져 있어 사안을 잘 알지 못하거나 양측이 자신의 법률을 고집하는 까닭에 판결이 늦어지고 왜곡된다. 그러면 저들은 자꾸 엉뚱한 트집을 잡아 담당 관리의 교체를 요구하고, 황제는 안타깝지만 이를 받아들일 수밖에 없다. 또 범인에게 이미 죄를 내렸더라도 교회가 가혹한 배상을 요구할 때 조정은 회유 정책의 일환으로 이를 받아들이기도 한다. 그러나 백성이 이 사실을 알고 못마땅하게 여겨 교회에 항의하니 다툼과 모순이 끊이지 않는다. 어린아이나 부녀자들은 잘 알지도 못하면서 교회라는 소리만 들어도 짜증을 내고 싫어한다. 여기에 불순한 이들의 선동까지 가세하여 불미스러운 사건이 계속 발생하니 도대체 누가 백성들에게 이러한 상처를 주는 것인가. 선교사들은 중국에 와서 자신들이 믿는 종교의 교리로 사람들을 구원하려 사심 없이 선교를 한다지만 그것에 드는 경비는 국가가 아닌 백성에게서 나온 것이다. 만약 선교가 개인적인 욕망을 위한 나쁜 마음에서 시작되었다면 어느 나라도 이들을 용납하지 않았을 것이며 예수교는 1,800여 년이라는 유구한 역사를 가질 수도 없었을 것이다. 명대 말엽 마테오 리치 Matteo Ricci가 중국에 와서 서광계徐光啓[15)의 집을 빌려 선교를 시작한 것이 중국 선교의 시작이었다. 서광계는 황제에게 상소를 올려 선교 허락을 청하기도 했는데, 그 자신이 청렴결백한 사람이어서 종교로 인한 피해는 보지 않았다. 그 후 중국에 많은 선교사들이 왔지만 항상 유학을 비난하고 중국의 문화를 미신이라며 경시하고 자신들의 우월함만을 주장하여 논쟁이 끊이지 않았다. 이제 그만 멈추어야 하지 않겠는가. 종교를 믿는 것은 마음의 문제이지 행동의 문제가 아니다. 만약 백성들이 종교를 믿지 않고 듣지 않으려 한다면 그들을 상대하지 않으면 된다. 성서에서 "받아들이지 않으면, 매일 자신의 발 밑에 있는 하찮은 먼지를 털어버리듯이 가게 하라"고 하지 않았던가. 바울은 선교를 위해 어느 지역에 갔었지만 아무도 들으려 하지 않자 미련 없이 다른 지역으로 갔다. 우리나라에 온 선교사들도 이런 자세를 가진다면 어찌 다툼이 생기겠는가. 현재 아시아에는 교인들이 많아 커다란 세력을 형성하고 있다. 학교를 세우고 의료사업을 하고 어린아이들을 기르는 데는 종교를 믿고 안 믿는 구분보다는 다른 사람을 구하려는 절실한 마음이 있을 것이다. 그러나 사람을 구하겠다는 좋은 마음으로 중국의 범법자들을 받아들였다가 문제가 생겨 결국 큰 사건으로 번지곤 하니 많은 사람들이 아쉬워할 뿐이다.

백성들과 교회가 아무 일 없이 잘 지낼 수 있는 좋은 방법을 찾아야 한다. 일은 터진 후에 보완하는 것보다 미리 예방하는 것이 중요하다. 먼저, 입교하려는 중국인이 있다면 이들의 신분을 지방 관리에게 의뢰하여 범법한 사실이 없는지 판명한 후 입교시키도록 한다. 그런 후에 명단을 만들어 수시로 조사를 하면 진상이 알려지고 백성의 의혹은 사라질 것이다. 정당하고 바른 뜻으로 의혹을 제거하고, 각 교파들이 서로 다투지 않고 선교해야 한다. 법을 다스리는 관리들이 교회와 관련된 사건을 공정하게 처리하여 시간을 끌거나 서로 책임을 미루지 않아야 하고, 쓸데없는 두려움으로 어느 한쪽을 편드는 일이 없어야 한다. 그가 신도이든 평민이든 시시비비를 가려 공정하게 처리하면 아무도 이의를 달지 못할 것이다. 질서를 유지하고 분쟁을 조절하는 데 묘책을 짜내야 한다. 또 베이징에 주재하는 외국 관리들과 상의하여 그들에게 선교사들이 내지를 출입할 때 교리를 준수한다는 것을 보증하게 한 후 선교를 허가해야 한다. 만약 선교사들이 공적인 일에 간섭하여 힘으로 밀어붙이려 하면 바로 해당 국가의 공사를 통해 귀국시켜 화근을 없애야 한다. 반면 중국 관리가 불공정한 판결을 내릴 경우에는 각국 공사들과 협의하여 엄격히 감사를 실시하고 그의 관직을 박탈하여 공정함을 보여주는 것, 이것이 가장 바른 방법이다. 사건을 심리할 때는 서양 법에 따라 변호사가 법정에 나와 변론하도록 하고, 교회에 침입해 훼손한 자는 처벌하여 피해에 대해 배상하고 그것을 수리하도록 조치해야 한다. 선교사와 백성이 다투는 사건은 사건의 경중에 따라 처리하여 배상과 수리에 따른 상호 비방을 막아야 한다. 이것은 교회를 보호하는 방법으로, 권선징악의 해결 방식은 양자 사이에 질투와 원망도 없어지게 할 것이다. 그렇지 않으면, 최근 일본처럼 특정한 교파에게만 선교를 허락하든가 아니면 중국인 선교사를 많이 배출해 서양의 선교사 역할을 대체시키면 자연스럽게 그들이 필요하지 않을 것이다. 중국은 공·맹의 가르침이 뛰어나서 회교, 불교, 도교 등 다른 종교도 모두 포용하여 싸우지 않았는데 어찌 기독교만 받아들이지 못하겠다고 하겠는가. 게다가 입교하는 사람들은 모두 중국의 가난한 백성들로, 그들에게 선을 행하라고 권하는 것은 중국 사회가 지향하는 바와 같다. 그러나 만약 신도들이 교회를 등에 업고 법을 어기며 다른 사람을 해친다면 이것은 모세의 계율은 물론 선교사의 계율에도 위배되는 것이다. 전에 만난 한 선교사는 품행이 방정하고 덕이 높아 자신을 자제하고 타인을 사랑하는 마음이 우리의 유생들과 다르지 않았다. 그는 유가 경전에도 밝아, 우리가 잘났다고 자만하며 그를 함부로 대했다가는 비웃음을 사기에 충분했다. 마음이 좁으면 불필요한 사건이 발생하고 국가의 근심만 늘어나니 이를 명심하여 더욱 조심해야 할 것이다.

제6장 교섭

중·외 통상이 진행되면서 교섭과 관련된 사건은 늘어났지만 이것을 공정하게 처리하여 외국인을 다독거리고 우리 국민의 사기를 진작시키는 경우는 많지 않았다. 이것은 법이 부당하고 외국 사정에 밝은 인재가 없기 때문이었다.

외국과 관련된 사무는 대단히 복잡하지만 대략 국가와 백성 두 방면으로 집약된다. 폭행, 파괴, 강도, 문화재 밀매, 임금 미지불, 선박 충돌 등은 작은 사건으로 백성의 일상생활에 영향을 미칠 뿐이다. 그러나 국경 침범, 탈세, 부패, 통상과 선교, 살인들은 모두 큰 사건들로 국가의 안위에 영향을 미칠 수 있다.

서양인들은 가는 곳마다 어디서든 언어와 법률이 다르다는 이유로 다른 사람을 해치고 이치에 맞지 않게 제멋대로 행동한다. 다른 나라에 가서는 그 나라의 금기 사항을 알아보지 않으며 시골에 가서는 현지의 풍속을 이해하려 하지 않는다. 조계租界[16] 바깥에서 새로운 사업을 시작하면서도 지방 관리의 동의를 구하지 않는다. 말도 함부로 하고 일이 되지 않으면 힘으로 밀어붙이곤 한다. 아니면 거액의 배상금을 요구하니 백성의 원성과 불만이 높아지고 큰 사건으로 발전하게 되는 것이다. 중국은 전체 국면을 고려하여 문제가 발생하는 것을 원하지 않아 관리들이 우선 타협을 고려하니 병사들과 백성들이 감히 대항할 수 있겠는가. 우송吳淞 철로 전선 사건, 쓰촨四川 선박 사건 등에서 서양 사람들은 말도 안 되는 논리로 거액의 배상금을 요구했다. 서양 선박이 중국 선박을 들이받았는데 도리어 중국 선박이 먼저 피하지 않았다거나 조명을 밝히지 않았다는 등의 억지를 부리며 아무 일도 아닌 것처럼 사건을 마무리지었다. 마차가 중국인을 치어 부상을 입히고도 중국인이 길을 비키지 않았다고 탓하고, 중국인이 가해자인 외국인을 고발해도 그는 가벼운 처벌만 받았다. 또 외국인이 중국인을 고용해서 일을 시키고 월급을 주지 않거나 폭행을 일삼아 중국인의 목숨을 잃게 하는 경우도 있었다. 교활한 서양 사람들은 깡패들과 결탁하여 인신매매를 하고 포악무도한 일도 서슴지 않는다. 만약 중국 상인이 서양 상인의 돈을 갚지 않으면 서양 상인은 반드시 중국 상인을 고소하여 가산을 몰수하고 친척들에게까지 책임을 묻는다. 그러나 반대로 서양 상인이 돈을 갚아야 하는 경우에는 그는 돈이 많으면서도 파산 선고를 신청하고 유유히 법망을 피해 가버린다. 외국에서는 중국 상품에 대해 무거운 수입세를 물리는데도 중국에 수입되는 서양 상품들은 가벼운 세금만 내고 있다. 서양에서 사업을 하는 중국 상인들은 매년 세금을 꼬박꼬박 내지만 서양인들은 중국 전역을 돌아다니며 사업을 해도 세금을 내지 않는다. 몇 년 전 초상국의 선박이 미국 샌프란시스코에 갔는데, 미국 세관원들이 엄청난 세금을 매기며 다시는 오지 말라고 한 일이 있었다. 또 미국에 거주하던 중국인 노동자, 상인들이 귀국할 경우에는 다시 미국으로 돌아오지 못하게 하는 규정도 있었다. 우리는 서양 사람들을 후대하는데 그들은 우리에게 이렇게 각박하니 어떻게 이를 공평하다고 할 수 있겠는가.

선박의 과속, 마차 사고, 무기 휴대, 노동자에 대한 가혹 행위, 사기, 선교사의 신도 은폐, 탈세, 인신매매 등은 서양 법률에도 저촉되는 것이고 공법에서도 허용되지 않는 것이다. 다만 중·외의 형법이 다른 것뿐인데 서양 사람들은 오히려 이를 악용하고 있다. 폭행 살인 사건이 벌어지면 중국 관리들은 중국인에게는 목숨을 내놓게 함은 물론 배상까지 하게 한다. 그러나 서양 관리들은 서양의 법대로 한다며 서양인 범법자들에게 벌금조차 거의 물리지 않는다. 만약 중국 관리들이 공평한 처리를 위해 공법과 조약을 들어 항의하면 서양 관리들은 입장을 바꿔 가벼운 벌로 중형을 대신해버린다. 이런 점들은 특히 불공평하다 할 것이다.

최근 러시아 수도서원의 학생인 마얼단은 "중국과 영국 사이의 수출입 화물이 약 4,500만 파운드에 달하여 영국이 막대한 이익을 얻고 있음에도 영국 상인들은 영국 정부에 중국 정부를 무력으로 계속 위협하라고 요구하고 있다. 다행히 지도자들이 사정을 잘 알아서, 전체를 위해 균형을 유지하면서 본국이나 영사의 훈령이 있기 전에는 무관이 함부로 군함을 움직이지 말라는 지시를 내렸다"는 글을 발표했다. 영국 관리 엘킨은 중국에 부임한 뒤 아내에게 보낸 서신에서 이렇게 썼다. "중국에 부임해서 영국인들이 중국인의 땅에서 횡포를 부리고 있는 것을 알게 되었다. 이것은 상상할 수도 없는 일이다. 중국인들은 너무 복종적이어서 대항

도 못하고, 우매하여 고소할 줄도 몰라 이런 모욕을 당하고
만 있다." 그는 중국인이 대단히 순종적이기는 하지만 그 때
문에 고발하지 않는 것이 아니라는 사실을 모르고 있다. 실
제로 서양 사람들은 전력을 다해 얻어내려 하지만 중국인들
은 두려운 것이 많다. 중국인들이 모욕을 참는 것은 관리들
이 두려워서이고, 관리들은 조정을 두려워한다. 만약 각국의
공사들이 전체를 공정하게 보고 자국민만을 편파적으로 보
호하지 않는다면 중국인들도 불만을 토로하지 왜 그 치욕을
감수하겠는가.

　정꾸어판曾國藩[17]은 "최근 중국에 대한 전망이 밝아 충돌
의 위기는 피했다. 그러나 중국은 여전히 위축되어 있어 국
면 전환이 쉽지 않다. 그렇다고 애국심을 자극하여 경거망
동한다면 또 형세를 불리하게 만들 수 있다. 그러니 모두 좋
은 방법은 아니다"라고 말했다. 역시 정치 원로다운 정확한
지적이다.

　따라서 외국과의 교섭은 못하는 것이 아니라 이처럼 위축
되거나 경거망동하는 것이 문제다. 서양 사람을 두려워하고
문제가 없기만을 바라니 오히려 일이 발생하고, 서양 사람
을 증오하다 보니 이기려는 마음이 앞서 실패하는 경우가
많다. 가끔 조약 내용을 잘 알고 공법에 밝은 사람이 있어
도 그저 붓 놀리는 글 장난으로 맹렬하게 상대방을 자극하
기만 해서 결국엔 아무런 성과도 거두지 못하는 경우가 많
다. 더욱이 이들은 서양 사람을 멸시하고 우리와는 다른 종
족으로 취급하며 서양 사람과 같은 선상에서 논하려고도 하

지 않는다. 그리고 그들의 정교한 기계 제작 기술과 실천적인 행동 같은 장점에 대해서는 언급조차 하지 않는다. 이들은 시대에 대해 분노하는 사람들이다. 분노한 사람은 교섭을 잘할 수 없다. 서양 사람을 중시하고 그들의 장점을 과대 포장하며 평소에 그들에 대해 칭찬하는 것을 마다하지 않던 사람들도 있다. 이런 사람들은 막상 일에 부딪혀도 자세히 고려하지 않고 그들에게 빌붙어 출세할 생각만 한다. 이들은 시대에 영합하는 자들이다. 이들도 교섭에 참여해서는 안 된다.

그렇다면 외국과의 교섭에서 좋은 방법은 없는 것인가. 우선 교섭에 능한 인재들을 모아 교섭의 방법을 다시 정해야 한다. 인재는 먼저 품행이 방정하고 역사책을 많이 읽어 중·외의 법률에 정통해야 한다. 또 외국에 나가본 경험이 있고 외국어와 정치, 문화에 남다른 견해와 바른 마음을 가지고 있어야 한다. 중국을 폄훼하거나 서양을 숭상해서도 안 되며 양자를 지나치게 구분하는 편견을 가져서도 안 된다. 기초가 단단하고 순리대로 처리하면 되는 것이다. 국가는 남쪽과 북쪽에 한 곳씩 전문적인 기관을 설립하여 인재를 양성해야 한다. 그리고 이들과 서양의 유명한 변호사가 모여 양측의 법률과 조약, 공법 등을 연구함으로써 객관적인 입장에서《중서교섭칙례中西交涉則例》를 만들어야 한다.

중국과 서양의 법률은 서로 많이 다르다. 중국에는 참수형, 곤장이 있지만 서양에는 이러한 것이 없다. 서양에는 벌금형과 노역이 있지만 중국에는 없다. 서양에서는 소송 비용이라는 것이 있어 판결에 따라 패소한 측이 이를 부담하지만 중국에서는 그렇지 않다. 인명에 관한 사건의 경우 중국에서는 과실에 의한 것은 죄과가 가볍지만 고의에 의한 것은 무거운 형을 받는다. 그러나 서양에서는 고의일지라도 가볍게 처리하는 경우가 있다. 몇 년 전 한 영국인이 중국인 고용인을 살해했지만 벌금형만 받고 풀려났다. 사람을 폭행해서 죽였는데 가벼운 형을 내린다면 과연 무엇이 중죄인가. 그 사건에서는 변호사가 뇌물을 받고 죄를 벗게 해주었다. 정리상情理上으로 보아도 이것이 공평한 것인가. 이것은 모두 사건을 처리하는 사람들이 서양의 법률을 몰라서 따지지 못한 결과일 뿐이다.

서양 법률에 관한 책들을 선택하여 외교부의 협조를 얻어 널리 알린 뒤 통상 교섭의 기준으로 삼아야 한다. 그리고 교섭이 필요한 모든 사안은 반드시 전문가에게 맡겨 처리하도록 해야 한다. 또 시간을 끌지 말고 법률대로 바로 처리해서 저들이 벌금이나 배상, 무리한 항구 개방을 요구하지 못하도록 해야 한다. 법률에 어긋나는 사안에 대해서는 공사나 영사가 관직을 박탈한다거나 목을 친다고 협박해도 절대 굴복해서는 안 된다. 이렇게 당당히 맞서면 그들이 아무리 교활하더라도 어떻게 할 것인가.

서양 사람들에게 서양의 법률을 적용하면 그들 역시 법망을 피할 수 없을 것이고, 중국 사람들에게도 서양의 법률을 적용하면 중국 사람들은 억울함을 피할 수 있을 것이다. 서양 사람들과 교섭했던 모든 사안의 경과를 매년 연말에 책으로 엮어 각국의 관리들과 외교부, 전국의 형사 관리 부서에 보내 열람하게 하면 서양 사람들이 다시는 함부로 하지 못하여 중국인들의 억울함도 줄어들 것이다.

그러나 이치가 이렇다 해도 시행하기는 쉽지 않을 것이다. 최근 몇 가지 사안에서 우리 관리들이 이론적으로 따지고 들자 서양 사람들은 공사와 총독을 동원하여 우리를 곤란하게 하고 심지어 공갈 협박까지 했다. 따라서 반드시 집정자가 외교 사무에 밝고 위아래가 한마음이 되어 강온책으로 핵심을 찔러야만 행정과 사법적인 효과를 볼 수 있다.

일본이 서양과 통상을 시작할 때도 서양 사람들은 일본의 형벌이 지나치게 가혹하다면서 모든 소송에서 서양 관리들이 판결하도록 했다. 이는 지금 중국이 받고 있는 수모와 같은 것이었다. 근래에 일본인들은 이것에 문제가 많다는 것을 깊이 인식하고 악습을 뿌리 뽑기 위해 서양의 법률을 모방하여 일본의 법률을 고쳤다. 그리하여 이를 바탕으로 일본 관리들이 판결을 하게 되었으며, 일본과 서양 서로가 일정한 규칙을 갖게 되어 외교 관계도 날로 개선되더니 광서光緒 15년(1889)에는 일본이 조계까지 회수할 수 있었다. 스물세 개의 성을 가진, 아시아에서 가장 큰 나라인 중국이 세 개의 섬으로 이루어진 일본보다 못하단 말인가. 실로 엄청난 치욕이 아닐 수 없다.

개혁의 전략을 세워, 모든 것을 처음부터 다시 시작하는 마음으로 군사, 행정, 통상 등에서 편견을 버리고 새로운 것을 추구해야 한다. 의회를 세워 언로言路를 트고 교활한 서양 사람들을 공법으로 제한하고 법률을 제정해 소송의 공정성을 유지하여 잘못된 폐단을 바로잡으면 저들도 복종하지 않을 수 없을 것이다. 다투어야 할 때는 다투고, 다스릴 때는 서양의 법률로 다스리며, 절대 양보해서는 안 되지만 양보할 때는 양보하고, 지나치게 속 좁은 모습으로 보이지 않도록 덕을 베풀어야 한다. 일이 발생하면 그들에게 농락당하지 않도록 하고 일이 끝난 뒤에는 그들이 원한을 품지 않도록 해야 한다. 이렇게 하면 원만한 관계를 유지할 수 있을 것이다. 우리는 회유 정책이란 명목하에 매번 그들의 의사를 들어주지만 그들은 우리가 자신들을 받드는 것이라고 여긴다. 또 우리는 우대와 관용이라고 생각하지만 그들은 우리가 겁을 먹었다고 여긴다.

교섭은 날로 빈번하고 복잡해지지만 묘책은 없고 인재도 많지 않아 백성들이 모욕을 느끼는 일이 많아지고, 그럴수록 백성의 사기는 떨어져 결국엔 국세가 약해진다. 그래서 다른 나라들은 중국에 대한 야욕을 숨기지 않는 것이다. 시골의 무지한 인사들은 상황을 모르는 채 선동적인 말만 듣고 선교사들을 괴롭혀 저들에게 더 많은 침략의 빌미를 제공한다. 그래서 저들은 항구를 강점하여 이익을 독점하고 우리 상인들을 못살게 군다. 영국이나 미국에 사는 중국인들이 영국과 미국뿐만 아니라 그들의 속령인 필리핀에도 발을 붙이지 못하게 만든다. 그 속령뿐 아니라 우리의 속국인 베트남, 미얀먀 등지에서도 중국인들한테서 세금을 거두고 있다. 오랜 역사를 가진 중국이 어찌 이렇게까지 되었단 말

인가. 다시 힘을 내어 강해지지 않으면 교섭은 더욱 불공평
해질 것이고 후환은 상상할 수도 없이 커질 것이다.

제7장 상전[18] 상

중국이 외국과 통상을 시작한 이래 외국인들의 오만방자한 행패는 날이 갈수록 심해지니, 혈기 있는 중국인이라면 누군들 힘을 합쳐 그들과의 일전을 불사하고 싶지 않겠는가! 우리가 군함을 구입하고 대포를 설치하며 총과 수뢰水雷를 제작한다면, 또 해군을 창설하고 육군을 훈련시켜 전쟁 준비에 만반을 기한다면 외국인들도 감히 엄두를 내지 못할 것이다. 그러나 저들이 우리의 이러한 준비를 비웃고 있는 것은 무엇 때문일까? 저들은 우리의 피상적인 것을 탐하는 것이 아니라 우리의 피를 빨아먹으려 하고 있기 때문이다. 군사적인 공격보다는 경제적인 약탈이 목적이어서 저들은 연맹을 맺는다는 허울 좋은 구실과 평화 조약을 무기 삼아 우리의 정수를 다 빼먹고, 결국 중국은 껍데기만 남아 깊은 병에 빠져들고 말 것이다. 전쟁의 피해는 쉽게 눈에 드러나지만, 중국 백성들에게 경제적인 손해를 입혀 국가를 어려움에 처하게 만드는 것은 상대적으로 잘 보이지 않는다. 따라서 우리가 상업을 하루빨리 발전시키지 못한다면 외국인들의 탐욕스러운 약탈은 계속 자행될 것이다. 용감한 군사들과 많은 군함이 있다 한들, 외국인들이 환호하며 왔다가 기쁘게 춤추고 만세를 부르며 돌아간다면 도대체 누가 이득을 얻고 누가 손해를 본 것인가? 따라서 나는 "군사력을 앞세운 전쟁을 익히는 것보다 더 중요한 것은 무역 전쟁을 익히는 것이다(習兵戰不如習商戰)"라고 단언한다.

그러면 무역 전쟁이란 무엇인가. 먼저 교역에 관한 전반적인 사항과 더불어 그 이익의 증감에 대한 이해가 선행되어야 한다. 손자孫子는 "적을 알고 나를 알면 반드시 이긴다(知彼知己, 百戰百殆)"고 했다. 그런 의미에서 우리에게 영향을 미친 두 가지 상황에 대해 살펴보자. 중국은 매년 아편 구입에 약 3,200만 냥, 서양에서 생산된 면사나 면포를 구입하는 데 5,300만 냥의 은을 소비하고 있는데, 이는 대단히 큰 액수이다. 또 아편 이외에 우리에게 적지 않은 폐해를 끼치는 약, 담배, 필리핀 담배, 러시아와 미국의 궐련, 양주, 소시지, 양고기, 사탕, 소금, 과자, 과일, 커피 등 소소한 잡화에도 모두 약 3,500만 냥을 지출하고 있다. 이 또한 우리에게 미치는 폐해가 적지 않다. 이외에 서양 베, 서양 비단, 양모, 양가죽, 카펫, 손수건, 단추, 바늘, 우산, 종이, 그림, 필기도구, 염료, 상자, 칫솔, 치약, 기름 등 서양에서 들여온 세세한 물건들이 끼치는 폐해도 간과할 수 없다. 뿐만 아니라 전구, 수도, 유리, 거울, 광물, 목기, 시계, 체온계 등 사람들의 호기심을 유발하는 이루 헤아릴 수 없이 많은 물건들이 모두 우리의 돈을 축내고 있다.

　이러한 상품들이 여러 항구에서 별다른 어려움 없이 유통되어 내지로 운송되면 백성들이 오랫동안 사용해온 것을 버리고 새것만을 찾아 앞 다투어 구매하니 이에 지출되는 돈의 규모가 엄청난 것이다. 이것은 바로 저들이 상업에 능하다는 증거이다. 우리가 빼앗긴 이익을 찾아오려면 견직물〔絲〕과 차茶, 이 두 품목을 잘 관리해야 한다. 거래가 활발한 성수기 때 견직물의 가격은 대략 4,000만 냥에 달했지만 지금은 3,700만 냥으로, 차는 3,500만 냥에서 천만 냥으로, 잡화는 대략 2,900만 냥 정도로 하락했다. 그러나 견직물과 차로 얻는 이익을 합해도 아편과 서양 베에 미치지 못한다. 더구나 차는 인도·스리랑카·일본산, 견직물은 이탈리아·프랑스·일본산과 경쟁을 하고 있는데 우리 것은 날로 경쟁력이 약해지고 있는 상황이다. 또 중국 북부 지역 특산물인 모자·낙타가죽·양가죽·친칠라, 남부 지역 특산물인 대황·사향·약재, 닝포寧波와 항저우杭州의 특산물인 비단·자기 등은 수량도 많지 않을 뿐 아니라 저들에게는 기호품에 불과하다. 게다가 우리는 노동력 수출에서도 손해를 많이 보고 있지만 손을 쓰지 못하고 있으며 최근에는 이마저 금지되어 진퇴양난에 빠져 있다.

이는 모두 우리가 무역 전쟁에 능하지 못하기 때문이다. 쌍방의 수출입 무역 총액에서 중국이 얻은 이익을 전부 합해도 외국인들이 아편과 서양 견직물 거래로 얻은 이익에도 미치지 못하며 다른 품목은 만신창이가 되어 수천만 냥의 손해를 보고 있으니 중국이 날로 약해지는 것을 어찌 탓하고만 있을 것인가.

중국의 국가 이익이 엄청나게 유출되고 있는 또 다른 이유는 바로 서양 화폐洋錢 때문이다. 저들은 질이 떨어지는 은銀을 가지고 질 좋은 우리 상품을 구매하는 방식으로 이미 많은 손해를 입히고 있고, 자신들의 화폐를 은으로 바꾼 뒤 고의로 이 화폐의 가격을 올리는 수법으로 중국 시장에 순식간에 커다란 피해를 입히고 있다. 이렇게 여러 방면에서 수단과 방법을 가리지 않고 우리를 압박한다면 멀지 않아 중국의 모든 자원은 고갈될 것인데, 그렇게 되면 아무리 좋은 군사 시설이 있다 한들 누가 굶주린 배를 움켜쥐고 맨 앞에 서서 적과 싸울 것인가?

통通한다는 것은 왕래를 뜻한다. 그러나 오는 것만 있고 가는 것이 없다면 저들에게는 통이 될지 몰라도 우리 쪽은 막혀버린다. 또 상商은 교역을 뜻한다. 만약 우리의 지출이 수입보다 많다면 저들의 상업은 이익을 얻지만 우리는 손해를 볼 수밖에 없다. 이렇듯 상업의 유통과 막힘, 손익을 알아야만 상업 전쟁에서 승리를 거둘 수 있다. 상업의 번영은 교역 물품의 많고 적음뿐 아니라 수공업의 정교함에도 달려 있다. 따라서 상업을 발전시키려면 먼저 뛰어난 기술이 바탕이 된 제조업이 있어야 한다. 초楚나라의 목재가 진秦나라에서 사용되려면 단점을 제거하고 소비자의 필요에 맞추어야 하듯 외국 물건도 잘 이용해서 이익을 취해야 한다. 상업은 있으나 공업이 발전하지 못하면 전국에 양질의 풍부한 생산품이 있어도 우리는 이익을 얻지 못하고 저들에게 원료를 제공하는 데 그칠 뿐이다. 따라서 상무국商務局을 설치해서 시장을 조사하고 박람회 등을 열어 기술의 발전을 꾀해야 한다. 일찍이 《역경》에는 정오가 되면 사람들이 모여 물건을 사고팔았다는 기록이 있고, 《상서》는 고대의 상업 활동에 대해, 《주관周官》은 시정市政과 가사賈師 등 경제에 관한 관직을 비롯하여 상업에 관해 많이 언급하고 있다. 또

《대학》에는 돈을 버는 방법에 대한 이야기가 기술되어 있고,《중용》에는 수공업 기술자들에 관한 조례가 있다. 이 모두는 상업을 진작시키는 사항들로, 중국이 상공업 분야에서 오랜 역사적 배경을 가지고 있음을 말해준다. 사마천司馬遷이《사기》에서 특별히 이들에 관한 내용을 기록한 것만 보아도 그것은 분명하다.[19]

상업을 진흥시키려면 먼저 중국의 주력 상품인 견직물과 차, 담배에서 그 방법을 모색해야 한다. 그러기 위해서는 세금稅金(즉 이금厘金)을 줄이고 제사製絲 공장을 많이 설립하여 인도와 일본보다 경쟁력을 갖추어야 한다. 이를 위해 첫째는 법령을 개정하여 담배 경작지를 늘리고 세금을 감면하는 한편 점차 담배가 가진 독성을 줄여서 아편과 일전을 벌여야 한다. 둘째, 한 성省에서 새로운 기계를 구입하여 여러 종류의 옷감들을 짜는 방법을 익힌 다음 이를 다른 성으로 확대시키면 서양 견직물과도 경쟁할 수 있을 것이다. 셋째, 기계를 구입하여 담요, 양복, 양산 등을 생산하고 모래와 동을 제련하여 유리 제품을 만들고 시계 등을 모방한다면 견고하면서도 저렴한 가격으로 외국 제품들과 경쟁할 수 있다. 넷째, 각 지역적 특성에 맞는 상품을 개발해야 한다. 상하이上海에서는 종이를 만들고, 광둥廣東에서는 담배, 난양南洋에서는 사탕수수를 재배하고, 중저우中州에서는 포도원을 조성해 술을 빚고 설탕을 생산하여 여러 식품들과 경쟁한다. 다섯째, 산둥山東의 야생 누에고치를 가공하고 장베이江北의 토산 면으로 천을 짜고, 장미 등 향이 있는 꽃을 재배하여 향수나 비누 등을 만들면 잡화도 경쟁이 가능하다. 여섯째, 광산을 개척하여 확보한 석탄과 동, 철을 통해 원료의 부족을 해결한다. 일곱째, 석유를 정제하고 성냥을 만들면 일상생활에 필요한 수요는 해결할 수 있다. 여덟째, 도자기 공장을 잘 정비하고 징더전景德鎮의 시설과 기술을 바탕으로 서양 도자기보다 더욱 정교하게 색을 가미하여 유럽에 가져가면 역시 저들의 소장품들과도 경쟁할 수 있다. 아홉째, 항저우, 난징南京에서 비단을 짜면 외국 것보다 견고하고 정교하면서도 가격 또한 저렴해 외국인 기호에 맞기 때문에 비싸게 팔 수 있다. 열 번째, 무엇보다 각 세관에서 금·은 화폐를 외국 화폐와 같은 함량과 가격으로 제조하여 민간의 재화를 사들이도록 하는 것이 중요하다. 또 관은국官銀局에서는 각양각색의 은들을 함량에 따라 보상해주고 금·은·동전으로 교환해준다. 이렇게 한다면 시장에 유통되는 각양각색의 은들은 사라지고 자연히 한 가지 화폐만 통용될 것이다. 우리가 계획대로 실행만 한다면 어찌 백성들이 따라오지 않을 수 있겠는가? 그렇다면 서양 화폐는 물론 저들의 기술과 경제력에도 능히 대항할 수 있을 것이다.

어떤 이는 "상업을 진흥시키는 것은 좋지만, 자금이 부족한데 가능할까?"라며 의문을 표시한다. 그렇다면 이렇게 말해보자. 우리나라가 수십 년 동안 매년 군사력 증강을 위해 해군에 쏟은 경비와 무기를 구매하고 대포를 만드는 데 들어간 비용은 얼마인가? 왜 그것을 상업 발전에는 쏟지 않는가? 무력이 아닌 상업의 경쟁력을 제고하여도 충분한 승산이 있고 국면의 완화도 기할 수 있다. 게다가 오랫동안 풍족한 생활까지 누릴 수 있어 사병과 백성들이 편안할 터이니 이는 당국이 생각하기 나름인 것이다. 이러한 상업 경쟁에서는 당국의 보호와 지지가 요구되는데, 특히 제조업 발전에는 반드시 당국의 의지가 뒷받침되어야 한다. 무엇보다 법을 제정하여 학교를 세우고 유럽의 기술자를 초빙해 수시로 시험을 치러 학습 분위기를 장려하며, 기술을 익힌 사람은 좋은 조건으로 대우하고 격려하여 자부심을 느끼게 해주어야 한다.

당국은 제조업에 자금을 지원하고 제조업을 보호해주어야 한다. 제조업이 더욱 세분화되면 기술 또한 날로 발전할 것이다. 중국에서 가장 잘 팔리는 외국 상품들이 무엇인지를 살펴 일단 그대로 모방하면 우선 운송비를 줄일 수 있어 경쟁력이 생길 것이다. 국민들이 저렴하게 우리의 일용품을 구입할 수 있는데 무엇 때문에 비싼 외국 제품을 선호하고 우리 것을 사지 않겠는가? 외국 제품은 점차 설자리를 잃게 될 것이다. 그리고 저들이 꼭 우리에게서 구입해야만 하는 것들을 살핀 후 정성을 다해 만들어 높은 가격에 팔면 될 것이다. 자신들에게 꼭 필요한 것이라면 저들은 설사 가격이 비싸더라도 살 것이기 때문에 우리는 점차 안정된 시장을 확보할 수 있다. 크게는 외제품을 억제할 수 있고 작게는 우리 생산품의 종류를 다양화할 수 있는 것이다. 저들의 것은 인건비가 저렴하고 종류도 풍부하지만 우리의 것은 가격도 비싸고 종류도 많지 않은데, 저들의 물건은 우리에게 있어도 그만, 없어도 그만인 것이 되게 하고 우리 물건은 저들에게 없어서는 안 되는 것이 되게 한다면 이것이 바로《손자병법》에서 말하는, 한 번 지고 두 번 이기는 것에 해당한다. 특히 내륙에서 생산된 상품들의 수출세를 줄여 국산품의 수출을 원활히 하고 수입세를 올려 외국 제품의 흐름을 막아야 한다. 상업 종사자들이 스스로 해결할 수 없는 부분을 당국이 도와서 무역 전쟁의 기초를 견고히 한다면 경쟁력은 충분할 것이다.

일본은 섬나라로, 국내에서 마땅히 생산되는 물품이 많지 않아 여러 해 동안 서양을 본받아 나라를 부강하게 할 방법을 모색해왔다. 외국에서 들여온 물건들을 지방 관리들에게 보내 연구하게 하고, 상인들을 장려해 자금을 모아서 공장을 세우고 그들 스스로 운영하게 하면서 간섭을 최대한 줄이니 결국 오늘날처럼 발전하게 되었다. 이렇게 생산된 여러 종류의 면직품들로 내수를 충당하고 수출까지 했는데 바로 그것이 중국시장에서도 큰 호응을 얻고 있다. 통상에 관한 자료들을 보면 우리는 13년 동안 2,900만여 원을 소비했다. 광서 4년부터 7년까지(1878~1881) 3년 동안 일본은 여러 나라와의 통상을 통해 약 22만 7,000원의 무역 적자를 기록했지만 광서 8년부터 13년까지(1882~1887) 5년 동안에는 5,280만 원의 흑자를 기록했다. 이런 분명한 차이가 바로 무역 전쟁의 효과이다. 일본이 수출세를 감면하고 수입세를 올리자 외국 제품들은 경쟁력을 잃어 결국 일본에서의 사업은 갈수록 하향 곡선을 그리게 되었다. 일본은 하는데 중국이라고 못할 것인가. 일본은 중국에 모범이 되도록 서양 것을 본받고 있다. 우리는 사업에 서투르지만 일본인들은 아주 치밀하다. 서양인들이 처음에 어렵게 만들어낸 것도 일본인들은 쉽게 모방한다. 총알 크기만큼이나 작은 나라지만 개혁을 감행했으니 우리도 전통적인 방식을 고쳐 그들처럼 개혁에 박차를 가해 장점을 키우고 단점은 보완해야 할 것이다. 우리의 넓은 땅과 풍부한 물자, 많은 인력과 재력을 활용한다면 그들을 능가하는 것은 손바닥을 뒤집는 것만큼이나 쉬운 일이다.

국가가 부강한데 어찌 군사력이 약할 것인가? 우리가 경제력과 군사력을 갖추고 저들과의 일전을 불사한다면 오히려 저들은 꼬리를 내리고 신의를 내세우며 평화를 구걸할 것이고, 절대로 우리를 함부로 대하지 못할 것이다. 이것을 좌우하는 것이 바로 무역 전쟁이다.

제8장 상전 하

《논어論語》에서 "부유해진 다음에야 강해질 수 있고 강해진 다음에야 부를 지킬 수 있다"라고 했다. 경제력이 없으면 강해질 수 없고 강하지 않으면 경제력을 지킬 수 없기 때문에 경제력과 군사력은 서로 상관관계에 있다는 것이다. 경제력은 상업에서 나오고 상업은 사, 농, 공의 힘이 모아져야 한다. 유럽 각국은 상업 발전으로 부국이 되었으며 강한 군사력으로 그 상업 활동을 보호한다. 단지 군대를 이용해서 전쟁을 하는 것이 아니라 상업을 통해 대외 전쟁을 하는 것이다. 군사를 동원한 전쟁은 짧은 시간에 결과가 결정되고 그 폐해도 눈에 쉽게 드러나지만 무역 전쟁은 오랫동안 지속될 뿐 아니라 폐해도 크고 잘 보이지 않는다.

국가를 경영하는 자는 당연히 각국의 상업에 관심을 가져 사, 농, 공, 상이 각기 제 역할을 다하여 이익과 재원을 창출할 수 있도록 해야 한다. 그러나 중국은 오랫동안 상업을 중시하지 않고 사, 농, 공, 상이 따로 움직이게 내버려두어 여러 차례 외국인에게 능멸을 당하면서도 부강해질 줄을 몰랐다. 국방비를 마련하기 위해 가혹하게 세금을 걷을 줄만 알았지 상공업이 가져올 더 많은 이익을 고려하지 않았다. 군대를 훈련시키고 군함과 대포를 사왔지만 교육을 보급시켜 지혜를 개발할 줄은 몰랐다. 이른바 외형적인 전쟁(形戰)은 알았어도 그보다 더 본질적인 전쟁(心戰)은 몰랐던 것이다. 외형적인 전쟁이란 무엇인가? 저들이 총과 대포를 가지면 우리도 총과 대포를 갖고, 저들이 전함을 가지면 우리도 전함을 가져야 상대를 제압할 수 있다는 생각을 말한다. 이것이 바로 본질을 외면한 채 형식적인 것만을 추구하는 것임을 왜 모르는가? 그렇다면 본질적인 전쟁이란 무엇인가? 서양인들은 통상에 능한 까닭에 자신에게 도움이 되면 상대방에게 해를 끼치기도 하고 상업을 진흥시키기 위해 입법을 추진하기도 하면서 최선을 다해 결과를 이끌어낸다. 그래서 지식인들은 자연과학, 기술자들은 제조업, 농민들은 육종育種, 상인들은 시장에 대해 배워야 한다. 나라를 편하게 하고 외국의 침략을 막으려면 마땅히 병사를 훈련시키고 무기를 갖추어 외형의 전쟁에 대비하는 것 이외에 유럽의 사, 농, 공, 상에 관한 지식을 배워 무형의 전쟁에 대비해야 한다. 학교를 많이 세우고, 전문적인 교육을 통해 정교함을 기해야 한다. 송宋나라 때 사마광司馬光이 과거에 십과十科를 설치하여 인재를 구했던 것처럼 한다면 인재는 자연스럽게 배출될 것이고 국가는 부강해질 수 있다.[20] 이를 위해서는 안팎을 공고히 해야 한다. 밖은 갖추었으나 안이 튼튼하지 못하면 마치 나무 인형처럼 사람을 제압하지 못하고 오히려 사람에게 이용만 당한다. 따라서 법을 다스리려면 반드시 사람을 먼저 다스려야 하는 것이다.

　서양인들은 무역 전쟁을 위해 사, 농, 공이 상업을 돕도록 하고, 무역을 위해 공사와 영사를 파견하고 군함도 배치했다. 국가가 많은 돈을 들여 상인을 보호하니 이는 백성들의 생활에 도움이 되며, 게다가 상인들은 국가를 위해 새로운 땅을 개척하는 것이다. 영국과 프랑스는 무역 때문에 전쟁도 했고 영국은 통상을 위해 다른 나라를 침입하기도 했다. 그들이 중국과 처음 전쟁을 한 것도 오직 통상 때문이었다.

그들이 통상을 위해 왔다면 우리도 통상을 위해 가야 한다. 만약 우리가 전통에만 얽매여 있다면 서양인들처럼 백성들의 다양한 요구를 수용할 수 없을 것이다. 사람을 등용하는 데 있어 경험이나 직위 적합성 여부를 고려하지 않고 단지 명망 있는 집안 출신이나 과거에 합격한 이들만을 중용한다면 이들은 다른 사람과의 경쟁에서 이길 수 없을 것이다. 따라서 국가는 먼저 사람을 잘 등용해야 하고, 면밀하게 시국의 변화를 주시해야 한다. 만약 힘이 부족하면 모욕을 감수하면서라도 시간을 끌어야 한다. 힘이 갖추어질 때를 기다려 승산이 있다고 판단되면 과거에 체결했던 조약 가운데 민생에 폐해가 큰 부분부터 먼저 고쳐야 한다. 그들이 우리의 수출 상품에 무거운 세금을 물리면 우리도 수입 상품에 무거운 세금을 부과해 우리 상인을 보호해야만 서양 상인들을 제압할 수 있다(현재 당국은 상업을 진흥시키는 것이 세금을 더 걷을 수 있는 전제 조건이라는 것을 인식하지 못하고 있다. 그래서 그저 상사에게 잘 보이기 위해 세금을 걷고, 돈이 필요하면 권력을 남용해 협박하거나 술수를 써서 갈취하기도 한다). 광둥廣東에서 내지를 오가는 선박들은 이미 한 번 세금을 냈음에도 다른 검문소를 통과할 때마다 번번이 돈을 뜯기고, 관리들은 배를 타면서도 돈을 내지 않는다. 그러나 검문소들은 서양 깃발을 단 선박에게는 눈만 멍하니 뜬 채 감히 아무런 말도 하지 못한다. 중국 상인의 화물선은 세금을 내기 위한 검사를 받느라 많은 시간을 허비하지만 서양 상인들은 자구세子口稅 하나만 내면 통과되니, 어찌 많은 중국 상인들이 서양 사람들에게 돈을 써서 그들의 명의를 빌려 운행하려 하지 않겠는가? 그 때문에 대신 업무를 처리해주는 외국 회사(洋行)들이 갈수록 많아지니 이는 연못에서 고기를 쫓아내고 숲에서 참새를 몰아내는 것과 다를 바 없다.

중국은 근본적인 것과 부차적인 것을 함께 고쳐야 한다. 만약 근본은 놓아둔 채 지엽적인 것에만 집착하거나 외형만 중시하고 내면을 등한시한다면 학문의 수준은 떨어지고 자연히 유능한 인재를 배출해내지 못할 것이니, 이것이 결국 상업의 쇠퇴로 이어져 사, 농, 공 모두 영향을 받아 어찌 세계열강들과 경쟁할 수 있겠는가? 더욱이 국가를 부강하게 하려면 강력한 군사력을 갖춰야 하고 병사 훈련, 무기 제조, 전함 구입, 군사 시설 강화 등에 많은 자금을 쏟아부어야 하는데 국고는 부족하고 걷어야 할 세원은 제한되어 정작 국가가 자금이 필요할 때 민간에서 조달할 방법도 없게 된다. 솜씨 좋은 아낙네가 쌀이 없다고 한탄만 해서는 안 된다. 당연히 옛날 방식을 바꾸어 다른 사람에게 배워서라도 부국강병의 실제적인 효과를 볼 수 있어야 한다. 일본을 배워 상공업을 진흥시킴으로써 부국의 목적을 달성하는 것은 무형의 전쟁이다. 유럽을 배워 군비를 갖춤으로써 강병의 목적을 이루는 것은 유형의 전쟁이다. 부국강병을 이룬다면 어

찌 숨어 있는 해적이 겁날 것인가? "부유해진 다음에야 강해
질 수 있고 강해진 다음에야 부를 지킬 수 있다"는 옛사람들
의 말이 그런 이치가 아니던가!

제9장 상무 1

상무商務는 한 국가의 상업 전반에 관한 시스템을 말하고, 통상通商 활동은 바로 그 혈맥을 원활하게 뚫어주는 것을 의미한다. 옛날의 사례에서도 이를 증명할 수 있는데, 태공太公의 구부환법九府圜法[21]이나, 관자의 부해관산府海官山,[22] 주대周代의 관직에 시사市師를 두어 상인들을 훈련시킨 것, 또 사마천이 《화식열전貨殖列傳》을 쓴 것 등은 모두 후세에 이런 점들을 시사하는 것이다. 당시에 중시되던 상업 법규에는 지금의 서양 제도와 유사한 점이 있었고, 유명한 상인들도 많았다. 공자의 제자인 자공子貢은 수많은 마차를 끌고 사업에 성공하여 스승 공자의 사상을 전파했고, 백리계百里奚는 양가죽을 팔다가 후에 진나라의 재상이 되어 중원을 제패했다. 한대漢代의 복식卜式, 상홍양桑弘羊도 모두 상인 출신으로 조정의 대신大臣, 재상宰相까지 오른 사람들이다.

정鄭나라의 현고弦高는 상인 신분으로 적을 물리쳐 나라를 구했고, 여불위呂不韋는 장사를 한 인연으로 진나라의 인질이었던 훗날의 진시황을 구해올 수 있었으며, 정소鄭昭는 태국과의 통상을 통해 미얀마의 도적들을 물리치고 변방을 지키는 데 큰 공을 세웠다. 미국의 16대 대통령 링컨 역시 상인 출신이며, 러시아의 표트르 대제는 평민으로 위장하여 이웃 나라에 가서 시장 상황을 살피고 기술을 익힌 뒤 돌아와 자신의 나라를 강국으로 만들었다. 또한 유럽 각국들은 재력이 풍부한 상인을 우대하고 이들을 정부 관리로 등용했다.

외국과 교역하는 해운 회사는 국가의 도움을 받아 성장했으며 모든 일은 간편, 신속하게 처리되었고 세금 징수에서는 균형이 이루어졌다. 예전에 루마니아의 상인이 러시아에 가서 크게 성공하자 러시아 황제는 그와 의형제를 맺었고, 딸을 시집보내면서 사절을 보내 축하하기도 했다. 그러므로 중·서 고금을 통해서 보아도 상업은 천한 업종이라는 인식이나 상업계에는 포부 있는 사람 대신 거간꾼들만 우글거린다는 인식은 모두 편견에 불과하다.

강희康熙 황제가 53년(1714)에 내린 조서에는 다음과 같은 글이 있다. "짐은 상인을 다른 백성들과 똑같이 보고 크고 작은 모든 일을 그들을 위해 세밀하게 생각한다. 그러나 관리들과 상인 사이에는 간극이 있어 관리들은 상업을 이해하지 못하고 상인들은 관리와 접촉하는 것을 두려워하니 어떻게 그들을 위해 일할 수가 있겠는가?" 해외에서 들여오는 물품들인 담배, 술, 과자 등은 목숨을 부지하는 데 시급한 것들이 아님에도 모든 통상 항구에서 면세 혜택을 받고 있다. 반면에 우리 상인들이 취급하는 쌀, 보리, 잡곡 등 생존에 필수적인 물건들은 이웃 지역이나 다른 현으로 가면서도 세금을 내야 한다. 일용 잡화는 더 말할 것도 없다. 이것은 매우 불공평한 일이다. 이는 모두 관리들이 관료의식에 사로잡혀 있는 데다 상업에 대해 편견을 갖고 있어 일을 열심히 하지 않는 까닭이다. 지금은 문호가 개방되어 여러 방면에서 외국 상인들이 현지에서 독점적으로 원료를 공급 받아 기계로 대량 생산을 하고 세금을 면제받는다. 투자비도 중국 제품보다 훨씬 저렴하여 백성들의 이익을 크게 침해하고 있다. 우리 지식인들과 상인들이 분발하지 않고 장기적인 계획 없이 눈앞의 이익에 급급하여 서로를 질시하고 경쟁만 일삼는 다면 서양 상인들은 자신들에게 필요한 중국의 자원을 모두 빼앗아 갈 것이다. 중국 상인들은 국내에서만 활동하다 보니 관청을 괜히 두려워하고 법을 잘 지킨다. 그러나 서양 상인들은 중국 관리들이 외교를 이해하지 못한다고 경시하며 자기들 마음대로 행동한다. 만약 중국 상인들이 복잡한 분쟁에 빠져 들면 중국 관리들은 도와주기는커녕 도리어 위협하고 억압하려 하니 이것이 도대체 있을 수 있는 일인가? 관이 상인을 이해하지 못하는 것은 관리 체계가 지나치게 전통에 얽매여 국가의 제도를 유연하게 활용하지 못하기 때문이다. 관리들은 백성을 보살펴야 하고, 시정에 밝아 시국을 광범위하게 이해해야 하며, 구체적인 사정에 의거해 때로는 파격적으로 격식을 허물고 상인들과 허심탄회하게 대화하여 상업에 관한 어려움을 알고 악법을 보완해주어야 하는데 실상은 그렇지 못하다. 상업이 발전하지 못하는 이유가 바로 여기에 있다.

과거에 독일 상인들은 무역에 능하면서도 당국의 번잡하고 무거운 세금과 도적들의 약탈로 인해 큰 손해를 보곤 했다. 그래서 전국의 상인들이 모여 규칙을 정하고 항구마다 '보호회保護會' 또는 '상회商會'라는 모임을 만들어 서로 연락하며 보호를 받을 수 있게 했다. 귀족이나 군인, 도적들이 힘으로 상인을 위협할 경우 회원들이 힘을 합해 대항하여 더 이상 수모를 당하지 않았던 것이었다. 또 강탈 등의 일이 발생하면 사발통문으로 알려서, 조사를 통해 반드시 범인을 잡게 했다. 국가가 상인의 이익을 위협하는 각박한 정책을 수립하면 탄원을 해서 이러한 정책을 취소하게 만들었다. 이러한 '보호회'가 자리를 잡자 상업은 크게 발전했고 네덜란드, 스웨덴, 노르웨이 등의 국가들도 모두 효과를 보았으며, 영국, 프랑스 등도 이를 본받아 상인들이 스스로의 조직을 만들어 여러 가지 불리한 상황을 피해나갔다.

조정에서도 상업을 발전시키고자 하니 총독總督, 순무巡撫 등 지방 관리들도 위로는 황제의 뜻을 알고 아래로는 시장 상황을 이해해서 새로운 의견을 제시해야 한다. 조정에서는 상부商部를 신설하여, 상업에 밝고 외국 경험도 있으며 외국어에 능통한 대신으로 하여금 일을 처리하게 해야 한다. 또 각 성省의 성도省都에 상무총국商務總局을 설치하고 상인들이 지정하는 장소에 지사를 설립한다. 총국이나 지사에는 업종별로 추천받은 이사를 두고, 추천된 이사 중에서 공명정대하고 경험이 많으며 명성 높은 상인을 총책임자로 선출하여 오랫동안 책임을 지고 일을 할 수 있도록 보장해주어야 한다. 만약 상업과 관련된 중요한 문제가 생기거나 자금 유치와 격려가 필요한 일이 생기면 그들이 직접 상부에 건의하거나 대신들이 대신 상소를 올려 황제의 허가를 받아낼 수 있어야 한다. 그러면 황제도 상업을 이해할 수 있고, 지방 하급 관리들의 간섭이나 강탈 같은 폐단도 없어질 것이다. 일정한 시간이 흐르면 상업은 발전하고, 서양처럼 상인들에

게도 정부 조직 내에서 중요한 보직을 맡길 수 있게 될 것이
다. 상인들은 끊임없이 새로운 상품들을 개발하고 유통망을
개척하여 시장이 원활해지도록 노력해야 한다. 한편으로는
국가의 필요에 의해, 또 한편으로는 서양 사람들로 인해 발
생한 틈새를 막는다면 상인이 부유해질 터인데 그러면 어찌
국가가 부강해지지 않을 수 있겠는가?

국가는 부강을 위한 장기적인 계획을 세워야 한다. 그렇지
않으면 안으로는 상업에 종사하는 백성들의 신뢰를 얻지 못
하고 바깥으로는 서양 상인들의 침입과 약탈을 막을 수 없
다. 서양 상품은 절반의 세금만 물고 들어오는데 중국의 토
산품은 무거운 세금을 내야 수출하는 현실이다. 같은 자본
이 투입되어도 시장 가격에서 차이가 나므로 서양 상품은
적정한 가격에 거래되는 반면 중국 토산품은 비싸질 수밖에
없다. 이렇게 전도된 상황에서 우리 상인들이 어찌 가난하
지 않을 수 있겠으며 외국 상인들이 부자가 되지 않을 수 있
겠는가? 유능한 총독, 순무 대신들이 이러한 상황을 잘 파악
하여 이금의 폐지를 건의하고, 장하이江海 부두를 서양인들
이 관리하도록 해 내지 항구에서 이금을 걷도록 하며, 상무
국이 다른 세금으로 이금의 부족을 메우도록 하면 우리 상
인들도 해를 입지 않고 외국 상인들도 이권을 독점할 수 없
을 것이다.

제10장 상무 2

상업이란 거래를 통해 서로 필요한 것을 교환하여 수급을 조절, 물가를 안정시킴으로써 사회와 백성들에게 도움을 주고 사, 농, 공 등 다른 산업과 조화를 이루는 것이다. 상업이 부진하면 선비들은 격치지학格致之學을 이룰 수 없고 농민들은 안심하고 곡물을 재배할 수 없으며 수공업자들은 만든 제품들의 팔 곳을 찾지 못한다. 이렇게 상업은 부를 창조하며 다른 산업을 이끌고 있으니 상업의 그 의미는 정말로 크다고 할 수 있을 것이다!

중국은 예로부터 농업을 숭상하고 상업을 억압하는[崇本抑末] 전통을 답습하다 보니 상업에 관한 전문적인 서적이 없어 국가의 이권이 밖으로 샌다는 것을 알면서도 그 원인을 따져보려 하지 않았다. 또 서양의 제도가 우수하다는 것을 알았지만 그 근원을 살펴보지도 않았다. 따라서 매일 상업을 발전시켜야 한다고 말은 하면서도 결국 크게 흥성시키지는 못했다. 학교는 과거 시험을 위한 고지식한 지식만을 가르쳤지 상·농·공업의 진정한 가치에 대해서는 가르치지 않았다. 오랫동안 학문에 매달리고도 관직에 나아가지 못하면 서당 선생 이외에는 달리 출로가 없었다. 서양인들처럼 수학, 화학, 광학, 전기학, 광물학, 의학, 농학, 법학, 제조학 등 한 분야에만 힘써도 개인적으로 영예를 얻는 것은 물론 국가의 부강에도 도움이 된다는 것을 어찌 알겠는가.

중국이 오늘날 상업에 관한 사항[商務]을 진흥시키기 위해서는 먼저 유럽 국가들을 본받아야 한다. 서양인들은 부강해지기 위해 상업 활동을 가장 중시했으며, 군주들도 이익을 빼앗기지 않으려고 특별히 상부 대신商部大臣을 임명하여 상업에 관한 사무를 관장하게 했다. 외국에서 자국 상인들이 어려움에 부닥칠 것을 대비하여 영사와 군함을 파견하고, 그들이 이익을 낼 수 있도록 수출입의 변화, 판매 등에 대해 빠짐없이 수시로 조사했다. 상인들이 시장에 대해 전문적 지식을 익히도록 학교를 세워 교육받도록 하고, 자본이 부족하면 국가가 자본을 빌려주기도 했다. 투자 비용이 지나치게 높으면 수출세를 낮추어주고 새로운 법을 추진할 때도 상인들에게 꼭 필요하도록 세심하게 고려했다. 안으로는 끊임없이 교육을 통해 지도하고 바깥으로는 여러 방법을 동원하여 상업이 오랫동안 유지될 수 있도록 했던 것이다.

예전에 영국은 세계의 주변 국가로서 쇄국 정책을 실시하기도 했으나 백 년도 안 돼 큰 발전을 이루었다. 이는 국가가 상업을 정책적으로 적극 장려했기 때문이다. 수도에 상업 학교를 세우고 통상 법규를 가르쳐 타국과의 무역에 유리하도록 했다. 외국과의 무역에 정통한 한 학자는 자신의 연구서에서 상학商學은 지학地學, 금석학, 지리학, 식물학, 생물학 다섯 분야로 구성되어 있다고 했다. 네 권으로 구성된 그 책은 상품의 근원과 제조업의 중요성, 그리고 예로부터의 상업 흥망의 연혁과 변화, 마지막으로 오늘날의 교역 상황에 대해 상세하게 설명했다. 그리고 유럽과 통상하는 모든 지역의 식물, 생물, 광물, 그리고 그곳에서 생산되는 재료들을 상세하게 분류하여 본국 학생들은 물론 다른 지역의 상인들에게도 큰 도움이 되었다.

어떤 이는 상업이란 조금만 알아도 많은 이익을 낼 수 있다고 말할지 모른다. 그렇지만 실제로 상업은 대단히 광범위하고 복잡하며 상황은 예측할 수 없을 만큼 변화무쌍하므로 대단히 주도면밀해야 한다. 우선 예전부터 내려온 상업 정책을 이해해야 하고 새로운 제도, 규칙 등을 잘 살펴야 한다. 새로운 상품이 많아질수록 규정은 날로 복잡해진다. 서로 필요한 것을 교환하는 것은 개인의 이익에 국한된 것이 아니라 국가 경제에도 중요한 일이다. 옛날 사람들은 주로 베, 비단, 콩, 곡식을 거래했지만 나중에는 수공업 제품으로 발전했고, 그 제조 기술은 부자간에만 세습되었다. 이 과정에서 관리에 능하고 식견을 가진 사람들은 많은 돈을 벌었다. 누구나 쉽게 돈을 버는 것이 아니라 시장의 변화, 화물의 증가, 무역 노선의 확대 등을 잘 살필 수 있는 뛰어난 감각과 높은 인식을 가진 사람들만이 이익을 얻었다. 더군다나 오늘날은 상업이 더욱 발전하면서 무역 수단 또한 한층 정교해졌는데, 상업 업무를 언급하는 사람들은 이것이 바로 격치의 학문이라는 것을 꼭 알아야 할 것이다.

중국에는 똑똑한 인재들이 적지 않으나 선비 의식이 너무 뿌리 깊어 과거科擧에 필요한 것 이외의 학문은 깊이 배우려 하지 않으며, 상공업은 단지 이익을 좇는 천박한 일이라며 손대려 하지 않는다. 또 욕심 많은 인사들은 기회만 있으면 온갖 수단과 방법을 동원하여 상업을 억압하고 오직 개인적인 이익만을 챙기려 드는 탓에 상업 발전을 저해하는 정책들만 난무할 뿐 보호와 발전을 꾀하는 효과적인 방법이 부재하니, 상무를 진흥시키려 한들 어찌 실효를 거둘 수 있겠는가?

일본은 메이지明治 유신 이후 고위 관리들이 서방 여러 나라를 직접 시찰하면서 통상의 중요성을 깨달았다. 그래서 나쁜 점을 제거하고 좋은 점만 취하면 나라가 부강해질 수 있겠지만 그렇지 못하면 국가와 백성은 모두 어려움에 빠진다는 것을 깊이 인식하게 되었다. 이해득실의 고찰 끝에 격치를 중시하는 것은 바로 기계 제조와 식물·광물 등에 대한 학문을 장려하는 것임을 알았고 따라서 서방 제도를 모방하여 중앙을 비롯하여 전국 여러 곳에 상무국을 설치하고 다방면의 의사를 수렴하여 효과를 극대화했다. 중국의 토산품뿐만 아니라 서양의 상품도 모방·제조한 뒤 다시 서양에 팔았는데, 가격이 싸고 솜씨가 정교해서 사람들이 다투어 구입했다. 만약 손해가 발생하면 상부 대신이 방법을 찾아 도움으로써 중도 포기로 산업이 황폐해지지 않도록 했다. 이런 정책을 20년 동안 실시하니 상업이 번성하여 세수가 증가하고, 돈을 번 상인들이 또 많은 돈을 나라에 기부하여 국가의 경제력 또한 탄탄해졌다.

오늘날 중국은 유럽 여러 나라들과 통상 조약을 맺고 항구를 개방, 시장을 열었으나 외국 선박들만 밀려들고 있다. 오늘은 어떤 항구가 개항되고 내일은 내지의 또 다른 부두가 개방된다. 한 나라가 이로 인한 특권을 얻으면 바로 다른 나라들도 달려들고, 한 나라가 오면 또 다른 나라들도 벌떼처럼 밀려든다. 동남 연해의 바다에 접한 일곱 개의 성에서는 이미 외국 상인들이 활발하게 활동하고 있고, 창장長江에 인접한 다섯 개의 성에서는 서양 선박들이 마음대로 활보하고 있다. 그러나 중국 정부는 상공업에 필요한 어떤 우호적인 정책도 내놓지 못하고 있고, 중국 상인 중에 자기 선박을 가지고 외국과 무역을 할 만한 사람도 많지 않다. 외국 상인에게 운송과 판매를 위탁하기도 하지만 서로가 수만 리나 떨어져 있어 사기나 수모를 당하기 쉬워 큰 이익을 얻지 못한다.

순더順德의 리자오민黎召民 등이 자금을 모아 자오싱공사肇興公司라는 회사를 차리고 런던에 지점을 내며 내게 관리를 요청한 적이 있다. 나는 상무란 반드시 전반적인 것을 고려해야 하고 확신이 설 때만 실행해야 한다고 생각한다. 만약 물건을 먼저 사놓고 값이 오르기를 기다리려면 먼저 현지 시장 변화와 상품에 관한 다양한 정보를 숙지하지 않으면 안 된다. 특히 외국에 상점을 개설하고 차와 자기磁器를 팔려면 우선 상점을 열고 적어도 3년 정도 견실하게 운영해본 뒤 현지 상황에 익숙해진 다음에 큰 거래를 해야 할 것이다. 만약 조정이 우리에게 각 성의 군수품을 직접 취급할 수 있도록 해준다면 우리는 이 방면에 밝은 사람을 초빙해 적은 경비로 운영을 시켜보고 외국 상인들이 지나치게 많은 이익을 취하지 못하도록 할 것이다. 그러면 쌍방 모두에게 도움이 된다. 상하이에도 군수 물자를 취급하는 외국 상인들이 있는데 매년 2~3만 원의 경비를 요구하니 그 이익이 얼마나 클지는 짐작이 된다. 우리 회사는 그 이자만으로도 운영할 수 있다.

앞서 말한 리자오민은 빨리 많은 이익을 얻으려는 마음이 급해 차와 자기 등은 규모가 작다며 류수팅劉述庭, 량허차오梁鶴巢 등에게 회사를 맡겨 운영하도록 했지만 불과 3년도 안 되어 문을 닫고 말았다. 사업은 우선 작은 곳, 실패하지 않을 곳에서부터 시작해 점차 확대해야만 수익을 올릴 수 있는데, 너무 급히 서두르다 보니 욕심만 많아지고 내실이 없어 결국 일을 그르치고 말았던 것이다.

'통상'이라 했지만 전체적으로 본다면 '통'은 아직도 실천되지 못했다. 최근 조정은 각 성의 총독과 순무에게 상무를 진흥하고 각 제조국의 운영을 상인들에게 맡기라고 지시했지만, 관과 상이 서로 친하지 못하고 신뢰가 사라진 지 오래되어 설령 훌륭한 관리가 이를 실천하려 해도 후임자가 전임자의 정책을 이어갈지 불투명한 실정이다. 설사 상인들이 힘들게 관리를 맡아도 관리들의 요구에 미치지 못하면 오히려 화가 되는데 누가 관리들의 이권을 가로막기를 원하겠는가? 따라서 경험 많은 상인들은 이익이 있다는 것을 알면서도 감히 정부의 부름에 쉽게 응하지 못한다. 설사 응하더라도 다른 의도를 숨긴 채 돈 많은 상인을 사칭하여 일을 맡는 것이다. 지난 10여 년간 부패한 관리들이 나쁜 상인들과 짜고 당국으로부터 어떤 부문의 경비를 받아내거나 혹은 서양에서처럼 회사를 차린다며 자금을 받아낸 뒤에야 주주를 모으기 시작하는 등 항상 공적 자금으로 개인의 이익을 취하거나, 많은 자본을 갖고 있으면서도 아무런 전문 기술이 없어 결국 실패함으로써 사회에 해를 끼치는 경우가 많았다.

서양에서는 국가가 공적인 목적을 위해 설립한 기관을 국局이라 하고, 지식인들이 상업 활동을 하는 곳을 공사公司라 한다. 신상이 설립한 공사도 국가가 정하는데 공사는 관·상이 공동으로 약정한 회사법을 준수해야 한다. 공사의 책임자는 주주들이 공개적으로 추천을 거쳐 선출하고, 그가 조직 내 각 부서의 담당자를 임명한다. 만약 그가 상무에 익숙하지 않고 이익을 내지 못하면 아무리 주식이 많아도 높은 자리에 오르거나 높은 자리를 유지할 수 없다. 또 이익을 창출하지 못하면서 자리를 지킬 경우 뭇사람들의 비난의 대상이 된다. 오늘날 중국에서는 고위 관리에게 부탁하여 큰 회사를 차리면 설령 상인들이 그 자금을 모았어도 기관처럼 국이라 부른다. 책임자는 관청과의 관계를 고려하여 고위 관리가 임명하는데, 능력 여부에 관계 없이 관직이 높고 고관의 동의를 얻은 사람이 맡을 수 있었다. 따라서 여러 국의 책임자는 대부분 관리들이다. 관리들은 차례만 되면 승진을 거듭하여 지위는 높고 힘은 막중하기 때문에 독단으로 전횡을 일삼음으로써 공公의 이름을 빌어 개인적인 이익을 채우곤 한다. 지위가 낮고 힘이 없는 사람들은 그저 따르기만 할 뿐 감히 발언을 하지 못한다. 회사가 이익을 남겨도 지방 관리들이 먼저 와서 뜯어가고 사사건건 간섭을 한다. 작은 회사의 책임자는 비록 고관으로부터 임명받는 것은 아니지만 공금을 착복하는 것은 마찬가지다. 주식을 가진 상인들은 관리들의 세력을 두려워하고, 상법 또한 정비되지 않아 감히 고발도 못한다. 그래서 수십 년 동안 얻은 것은 적고 손해는 막중했다.

지금이라도 상무를 정돈하려면 반드시 서양처럼 먼저 상업에 관한 법률을 제정해야 한다. 나는 여러 나라의 해운·육상 상업 정책에 관한 책을 번역한 바 있으며, 홍콩의 회사법을 참고해 성징盛京의 손징칭孫京卿에게 각국의 상업 규칙 가운데 필요한 것을 편집해서 전국에 배포하자고 건의했었다. 회사를 설립하려는 상인들은 주주가 누구인지, 주식은 얼마나 되는지, 어떤 일들을 하려는지 명백히 밝혀 관청에 등록하도록 해야 한다. 등록을 하지 않으면 문제가 발생해도 관에서 처리할 수 없기 때문이다. 회사 등록이 이루어지면 감독이 가능하므로 관리들의 착취나 상인들의 불법 행위는 일어나지 않을 것이다. 회사는 비록 사소한 자리라도 회사의 이익을 위해 노력하는 사람을 채용해야 한다. 관리들의 은퇴 뒤 부임하는 자리로 전락하거나 그들의 추천대로 아무나 채용해서는 안 된다. 그동안 누적된 폐해는 모두 씻어버리고 학교를 세워 새로운 지식을 전해야 한다. 또 이 금을 줄여서 상인의 어려움을 덜어주고 은행을 설립해 힘을 강화해야 한다. 외국에 영사를 파견해 자국 상인들의 보호 장치를 마련하고, 연구소를 차려 각 나라에 대한 깊은 연구를 할 수 있게 해야 한다. 기술력이 뒤지는 부분이 있으면 상부 대신이 지방관이나 상무국을 시켜 기술 향상을 꾀하고 적극적으로 원인 분석을 하여 다른 상인들에게 정보를 제공해주어야 한다. 많은 자본과 경험을 가진 사람과 훌륭한 기술을 가진 엔지니어가 협력하여 기계 제조업, 광산, 제련, 조선, 전신국 등의 회사를 차려 매년 많은 이익을 올린다면 국가의 세수 확보에도 큰 도움이 될 것이다. 중·외 여러 나라의 상업에 관해 연구해서 책을 쓰거나, 혹은 상업 학교를 세우는 사람들은 모두 인재 양성을 통해 미래를 준비하는 사람들이므로 그 공로가 적지 않다 할 것이다. 상부 대신은 황제에게 상소를 올려 이런 사람들을 크게 격려해야 한다. 그러면 상인 중에서도 훌륭한 인재가 배출될 것이고 할 일 없이 한가롭게 세월을 허비하는 사람이나 함부로 버려지는 물건 또한 없을 것이니 국가의 상무는 나날이 발전하게 된다.

제11장 상무 3

서양에서는 상업이 국가의 주요 산업이지만 중국은 전통적으로 농업을 중시하고[重本] 상업을 경시했다[輕末]. 따라서 예로부터 중국인들은 땅에 메어 한곳에 살면서 평생 다른 사람이나 다른 지역과 왕래할 일이 많지 않았고 교역이라고 해도 최소한의 의식주를 위한 곡식과 옷감 거래 정도가 고작이었다. 그러나 오늘날에는 여러 나라가 겸병兼倂하며 서로 이익을 내려고 경쟁한다. 상업을 통해 나라가 강해지며, 군사력으로 상업의 발전을 지키면서 서로 조약을 맺고 왕래하는 것은 모두 통상을 위한 노력이다. 영국도 상업을 위해 상인을 앞세워 새로운 식민지를 개척했는데 아메리카, 인도, 미얀마 점령 등이 그 좋은 예이며, 중국과의 관계에서도 그 선봉에는 상인이 있었다. 외국인들은 중국이 군사력을 키우는 것을 두려워하지 않고, 오직 중국이 그들의 돈 버는 기회를 막는 것을 걱정한다. 국가간에 상업 경쟁에 힘을 쏟다 보면 반드시 다툼이 있게 되는데, 유리한 입장에 서기 위해서는 우리 스스로 상업 발전에 힘을 쏟아야 하니 어찌 이 일이 중요하다 하지 않겠는가?

우리가 군비 증강에 나선 이후 이금이 인구세보다 많아져 국가의 지출도 이에 의존하게 되었다. 모든 경비는 세금에서 나오고 세금은 상업 활동에서 발생하니, 상업이 발전하지 않으면 재정적 지원도 받을 수 없다. 국가 재정을 담당하는 관리들은 마땅히 상무에 주의해야 상업 활동이 발전할 수 있을 것이다. 상업이 부진하고 백성이 궁핍해지면 나라가 기울고 결국에는 난을 부르지 않던가?

영국이 상업 전담 부서를 설립하여 상무에 관한 업무를 전담시키고 외국과의 관계에 치밀하게 대응하자 큰 효과를 거두었다. 프랑스와 미국도 이를 모방하여 부강한 국가로 도약할 수 있었다. 독일에서는 10여 년 전 프랑스와 영국을 따라 학교를 세워 무역을 가르치고 박람회를 개최하여 각국의 상품을 유치하는 등 견문을 넓히자 많은 인재들이 배출되고 상무가 크게 발전했다. 오스트리아도 근래에 상무에 관심을 보였는데, 첫째는 은행의 담보 물품과 보험 사무, 둘째는 법의 제정과 운송 가격, 셋째는 육지 운송과 통신에 관한 일이다. 유럽 국가들이 나날이 상무를 발전시키자 국가는 강해지고 백성들의 생활도 부유해졌다. 그러나 각국의 공업 수준이 비슷하여 무역 수지에 별 차이가 없게 되자 결국 새로운 시장인 아시아로 눈을 돌려 값싼 원료를 구하게 되었고, 이익을 얻기 위한 각축은 날이 갈수록 치열해졌다.

아시아 여러 나라 가운데 가장 큰 나라는 중국과 일본이다. 따라서 서양의 여러 나라는 전력을 다해 중국과 일본의 항구를 열고 자신들에게 유리한 조약을 강요했다. 중국과 일본에 영사관을 설치하여 자국 상인들의 상업 활동을 보호하고 전함을 주둔시켜 위세를 부렸으며, 자국 상인들이 이금을 면제받도록 상대국을 압박하거나 일반 백성들의 소소한 장사에까지 뛰어들어 돈 벌기에 혈안이 되었다. 요구 사항도 많았고, 무리를 하면서도 만족할 때까지 요구를 멈추지 않았다. 일본의 경우에도 처음에는 그 때문에 대장성大藏省이 보유한 금金·은銀이 다 빠져나가고 지폐가 부족해 국가가 위험에 처하기도 했다. 그 후 대신들이 여러 나라를 시찰하고 그 폐해를 살핀 뒤 개혁을 단행하여 상무를 중시하게 되었다. 관리와 백성들이 노력하여 서양의 제조 기술을 배워 부의 근원이 새는 것을 막고 중국 상품을 모방하여 다른 나라에 팔았다. 전 사회가 상업에서 이익을 얻기 위해 노력하자 국가의 기운은 날로 흥해지고 지폐는 회수되었으며 금고에는 금속 화폐가 넘쳤다. 이것이 최근 일본이 무역을 통해 거둔 실제 효과다. 일본은 통상에서 야기되는 폐해를 줄였을 뿐 아니라 그로써 이익을 취했지만 아시아의 큰 나라 중에서 아직도 피해를 입고 있는 곳은 오직 중국뿐이다.

작은 섬나라인 일본도 좋은 성과를 거두었는데 중국 같은 큰 나라가 아직도 통상의 피해를 입고 있는 것은 무엇 때문인가? 상무를 중시하는 사람이 없기 때문이다. 관리들은 군림하고 상인들은 그 지배를 받고 있다. 관리들은 상인을 보호해주기는커녕 오히려 괴롭혀서, 마치 진나라 사람들이 월越나라 사람 보듯 상인을 자신들의 사욕을 취할 먹잇감으로 보고 있다. 이렇게 개인적 이익만을 탐하다 보니 그 이익의 샘이 쉽게 막혀버린다. 이것이 중국 상층부의 문제이다.

중국 상인들의 현실적인 모습을 살펴보면 현명한 사람보다 우둔한 사람이 많고, 건실한 사람보다 허세를 부리는 사람이 많으며, 서로 단결하는 모습보다 흩어지는 모습을 쉽게 볼 수 있다. 새로운 것을 창조하기보다는 그저 남의 것을 답습하는 사람이 많고, 신의를 지키는 사람보다 사기꾼이 많으며, 전체보다는 눈앞의 작은 이익에 연연해하는 사람이 많다. 결국 자신에게는 관대하지만 남에게는 각박하다 보니 마음속에는 불평이 가득하고 힘은 부족해서, 설사 주주들이 힘을 모아도 손해를 보기 마련이었고 회사를 합병해도 망하고 말았다. 이것이 하층부의 문제이다.

상업을 발전시키려면 먼저 두 가지 폐해를 없애야 한다. 앞에서 논한 것처럼, 상층부에서는 기존의 육부六部 이외에 서양같이 상부商部를 설치해서 남북양南北洋의 통상 사무도 담당해야 한다. 각 성의 교통 요지에 상무국을 설치하고, 명망 있고 경험 많은 상인들을 책임자로 초빙해서 그들의 요구에 귀 기울여야 한다. 먼저 원자재들을 원활하게 공급하고 상품들을 생산한 이후에야 판매를 이야기해야 한다. 예를 들어 차를 재배하고 견직물을 직조하고 아편·석탄·철·자기·석유 등을 제조하는 회사를 세워 외국에서 수입하는 필수품들을 자체 생산할 수 있어야 하고, 중국에서 생산된 상품들을 외국의 수요에 맞추어 운송·판매할 수 있어야 한다. 게다가 세수에 관한 법령을 재정비해서 수입세는 대폭 올리고 수출세는 크게 낮춘다면 백성의 고혈을 되찾을 수 있을 것이다. 정치가들은 반드시 이 방향으로 개혁을 추구해야 할 것이다.

하층부에서는 상무국에 상업을 가르치는 교육 기관을 설치하여 분야별로 상인 자제를 교육시켜야 한다. 그들의 우매함을 일깨워 지식을 전해주고, 약속을 지키지 않으면 벌을 주고 신의를 지키도록 격려해주어야 한다. 독창적인 사고를 장려하고 구습을 타파하며, 그들로 하여금 자신들의 단점을 고치게 하면 그들은 점차 사물의 이치를 깨달을 것이다. 그런 다음 나누어진 것은 합하고 흩어진 것은 모으면, 작은 것은 커지고 우둔한 것은 정교해지며, 믿을 수 없었던 것도 신뢰할 만한 것이 되고 가난한 자는 부자가 되며, 망했던 자는 다시 흥하게 될 것이다. 또한 부府, 주州, 현縣에서도 상공업자들이 자신들의 조직인 공소公所[23]를 설치하도록 해야 한다. 왕지엔王潛 선생은 "당국을 너무 믿지 말고, 신사의 권력에 빠지지 마라"고 경고한 바 있다. 상공업자들의 말을 경청하고 서양 방식대로 투표를 통해 책임자를 선출하며, 뽑힌 책임자는 한 달에 한두 번씩 회의를 개최한다. 회의 때는 문호를 개방하여 같은 업종의 사람들이 모두 참석해 서로 뜻을 모으고, 시장 정보를 교환함으로써 현재와 장래의 상황을 예측, 분석한다. 쓸데없이 허세를 부릴 필요도 없고 편협하게 자신의 의사만을 고집해서도 안 된다. 어느 쪽을 보완해야 할지, 어느 쪽을 확충해야 할지 우선 순서를 정해 각자 의견을 개진한다. 회사의 책임자는 실행 가능한 것을 선택해서 문서화하여 한 부는 공소에, 또 한 부는 상무국에 전달한다. 그것을 매년 때에 맞춰 외국의 경제 신문처럼 인쇄해서 동종업계에 보내줌으로써 그들로 하여금 시장의 전체 상황을 연구하게 하면 그들의 참여를 유도할 수도 있고 그들에게 위험을 피할 방법을 알려줄 수도 있어 이후 상품의 유통과 발전에 도움이 될 것이다. 상무국도 새로운 견해가 있으면 남·북양 통상 대신에게 보고하되, 만약 묵살되거나 도움을 얻지 못하면 직접 상부로 보낸다. 상부는 1년에 한 번씩 이러한 상황에 대해 통계를 내어 황제에게 보고하면 돌발 상황에 대해 철저하게 준비할 수 있고 위아래 사정도 서로 알 수 있을 것이다. 정부와 상업계가 노력해서 하나가 되면 유리한 것은 발전하지 않을 수 없고, 해가 되는 것은 고쳐지지 않을 수 없다. 몇십 년 후에는 중국의 상업이 유럽과 같이 발전할 수 있을 것이다. 만약 서양처럼 하지 못하고, 상업을 이해하지 못하는 과거 출신 관리가 여전히 이 임무를 맡는다면 그들은 쓸데없이 큰소리만 치고 실효 없이 적당히 꾸미기만 할 것이며, 국가는 결국 걷잡을 수 없는 손해를 입어 궁핍해지고 쇠약해져 어찌할 수 없는 상황에 봉착하게 될 것이다.

예전에 한 서양 상인이 손해를 너무 많이 입어 거의 망해가다가, 자신의 매판을 통해 자금을 빌린 뒤 많은 견직물과 차를 사서 영국에 보내고 물건이 도착하면 돈을 받기로 했다. 그러나 물건이 떠난 후 영국에서 물건을 주문한 회사가 망했다는 전보를 받았다. 다행히도 서양에서는 비록 회사가 망했더라도 이 회사가 소유한 재산에서 물건값을 지불하게 되어 있어 그는 커다란 손해를 면할 수 있었다. 또 어떤 서양인은 중국인과 짜고 회사를 차려 자신이 사장을, 중국인이 매판을 맡았는데 어느 날 많은 견직물과 차를 사서 배에 싣고 도망치려 했다. 다행히 거래 자체가 상법에 저촉되어 이 거래는 이루어지지 않았지만, 만약 상법이 없어 큰 회사가 등록도 하지 않고 장부에 대한 감사도 받지 않았다면 회사가 도산한 뒤에 오는 후유증은 감당하기 어려웠을 것이다. 또 상업 관련 소송이 발생했을 때, 중국인이 서양 상인에게 돈을 갚아야 하는 경우에는 서양 영사는 중국인의 가족에게까지 돈을 갚도록 가혹하게 압박을 가할 것이고, 거꾸로 서양 상인이 중국인에게 돈을 갚아야 하는 경우에는 또 편견을 가지고 자신들에게 유리하게 일을 처리하니 중국인은 항상 불리했다. 이러한 상황에서 중국 상인은 외국 회사에게서 주식으로 받거나 아니면 깡패를 동원해 돈을 받아내는 수밖에 없다. 따라서 상업을 발전시키기 위해서는 무엇보다 상인을 보호해주는 법이 있어야 하며, 특히 악덕 상인을 가려내 이들이 법망을 피하지 못하게 함으로써 시장의 안정을 유지해야 한다. 이러한 사항들은 대단히 복잡하므로 상법에 대한 경험이 많은 연구자들에게 동서양의 상법을 연구하고 중국 상황에 맞는 상법을 제정토록 하여 그대로 실시한다면 악덕 상인들은 설자리를 잃고 시장의 점포들은 하루가 다르게 발전할 것이다. 그리고 회사가 성장하여 중국의 이권이 다시는 외국으로 빠져나가지 않을 것이다.

제12장 상무 4

맹자는 "하늘의 때는 땅의 이로움만 못하고 땅이 가진 유리한 점도 결국은 사람이 화합하는 것만 못하다(天時不如地利, 地利不如人和)"라고 했다. 이 말은 상업 활동에도 그대로 적용된다. 교역이란 원료와 상품으로 이루어지지만 각 나라의 독특한 사정과 백성들의 생활과도 밀접하게 관련을 가지고 있다. 이 삼자의 관계를 잘 알아야만 상업에 대해 이야기할 수 있을 것이다.

영국은 상업으로 부강해진 상업 국가이다. 어떤 나라를 상업 국가라고 할 수 있을까? 상업 국가란 상선商船들이 새로운 땅을 개척하고 새로운 항구를 열어 종횡무진으로 누비며 활동하여 많은 이익을 창출하는 나라를 말하는데, 이는 모두 국가의 정치와 깊은 관련이 있다. 이러한 나라에서는 예술이 발전하고, 과학자들이 매일 새로운 물질들을 연구·개발해내며, 농업 연구자들도 새로운 기계를 만들어 사용법을 농민들에게 전수함으로써 다양한 농업 발전을 지향한다. 영국이 왜 이렇게 상업이 발전했는가를 살펴보니 대략 다음과 같은 이유를 들 수 있었다. 이 중에는 중국이 따라갈 수 있는 것도 있고 짧은 시간 내에 달성하기 어려운 것도 있다. 첫 번째, 비옥한 땅, 두 번째, 풍부한 광물, 세 번째, 편리한 국내 수륙 교통, 네 번째, 많은 내륙 지역이 강을 통해 바다로 쉽게 접근할 수 있다는 점인데 이 네 가지는 중국이 가진 자연 조건과도 비슷하여 별 문제가 되지 않는다. 다섯 번째 숙

런된 기술, 여섯 번째, 자신이 발명한 기계들에 대해 특허권을 가지고 있다는 것, 일곱 번째, 풍부한 자본, 여덟 번째, 법적 제도의 완비, 아홉 번째, 많은 상선의 보유, 열 번째, 오대주에 걸쳐 식민지를 확보하고 있다는 것, 열한 번째, 그들의 언어가 상업 활동에 유리하다는 것, 열두 번째, 많은 통상 경험, 열세 번째, 수출입세의 면제인데 이 아홉 가지는 다른 나라들이 동시에 갖추기 어렵고 중국도 단시간 내에 실행하지 못할 것들이다.

잠시 중국의 상업 현실에 이 문제를 적용해보자. 중국에는 여러 형태의 상인들이 있다. 우선 작은 가게를 하는 사람들은 자신의 장래에 대해 별다른 계획 없이 장사를 한다. 다음은 조금 규모가 있는 개별 상인으로, 자본이 적어 큰 상점을 차리지는 못하지만 자본이 조금만 축적되어도 홀로 장사하기를 좋아하는 사람들이다. 세 번째는 수출업을 하는 사람들로 근거리보다는 수백 리 혹은 수천 리 등의 원거리 무역을 통해 화물을 새로운 곳으로 빠르게 운송하여 큰 소득을 얻는다. 네 번째는 회사를 차려 주식을 발행하는 사람들로, 서양에서 많이 볼 수 있으며, 중국에도 커다란 변화를 가져왔지만 우리에게는 장점보다는 단점이 더 쉽게 보이는 사람들이다. 오늘날 중국에서 상업을 이야기할 때마다 황제부터 대신에 이르기까지 서양의 방식을 배우기보다는 그 근본과는 관계없고 중요하지도 않은 것들만을 강조한다. 근본적인 것은 무엇인가? 상부와 상무국을 설립하는 것 외에 두 가지가 더 필요하다.

하나는 전 세계의 각 지역별 무역이 발전하는 원인을 살펴보는 것이다. 적도 부근을 적대赤帶라 하고 북극 근처를 냉대冷帶라 하며 이 사이를 온대溫帶라 하는데 이 지역들은 생산 환경도 다르고 각지에서 성장하는 생물도 다르다. 세계 각국에서 생산되는 물건들은 설사 같은 나라 물건이라도 모두 차이가 있다. 특정 지역에서 오래 살아온 상인들은 해당 지역의 어떤 부분에 정통하니 이들을 통해 그 지역의 특색을 잘 알아야 한다는 것이다.

다음으로, 도시가 발전하는 이유를 알아야 한다. 중앙에 위치해서 진입로가 좋은 곳이면 대도시가 형성된다. 중국의 조우자코우周家口, 한코우漢口, 판청樊城, 러시아의 모스크바, 독일의 베를린 등이 이러한 환경을 가진 도시들이다. 강과 바다가 인접해 있고 내지까지 수천 리 연결되는 곳으로는 중국의 상하이, 영국의 런던, 프랑스의 리옹 등이 있다. 또 바다로 나가는 배를 타기에 편리한 곳으로 영국인에게 점령당한 홍콩 같은 지역이 있다. 운하를 통해 두 개의 바다를 연결하고 있는 곳으로는 이집트의 수에즈가 있다. 강과 바다가 만나서 지형이 좁고 움츠러드는 곳으로는 그리스와 미국의 다링 해협이 있다. 두 바다 사이에 있어 남해상에서 동서를 연결하는 곳으로는 싱가포르가 있다. 이 도시들은 모두 상업에 중요한 곳들로 지리적 이점을 최대한 이용하고 있다. 상업에 편리하다면 누가 이러한 지리적 이점을 독점하려고 하지 않겠는가? 지리상으로 편리하면서도 상업이 발달하지 못한 지역이 있다는 얘기는 아직 들어보지 못했다. 다시 말해 상업 도시 성쇠의 중요한 관건은 수륙 해운으로 이곳들은 예전에는 모두 황량했지만 지금은 번화한 도시가 되었다. 홍콩, 상하이, 옌타이煙台, 뉴좡牛庄 등이 그런 곳이다. 반면 예전에는 번화했으나 지금은 쇠퇴한 곳으로는 칭장淸江, 조우자코우, 판청 등이 있는데, 뱃길의 변화 때문에 그렇게 되었다. 바닷길을 오가는 쾌속선을 보면 허난河南, 산둥은 쇠락할 것이다. 그러나 기차의 통행이 많아지는 육로를 끼고 있는 곳에서는 거대한 새 도시가 형성될 것이다. 그러므로 안목이 있는 사람만이 이것을 선점하려 할 것이고, 재력을 가진 사람들이 기회를 잡는 데 유리할 것이다.

　통상에 유리한 조건들 중에는 영원히 변하지 않는 것과 수시로 변하는 것이 있다. 이집트의 경우를 보자. 예전에 이집트는 로마에 속해 있어 보리를 조공으로 보냈다. 따라서 이집트 하면 보리를 연상하게 되었고 수백 년 동안 보리 무역에서 이집트는 중요한 역할을 했다. 독일의 홀스부르크에서는 결혼할 때 모두 한 그루의 나무를 심게 했다. 그래서 이 지방은 아직도 큰 과일 나무를 재배하면 이익을 얻을 수 있다. 이것은 국가가 정한 법률로 인해 상업이 흥하게 된 경우다. 예전에 영국에서는 황연黃煙 재배가 금지돼 있어 담배 상인들이 돈을 벌 수가 없었다. 그러나 지금은 이 금지령이 느슨해져 담배 판매가 다시 흥해지고 있는데 이는 정책의 변화로 인해 상업의 흥망이 교차하는 사례다. 영국에서는 내륙에서 바다까지 강으로 연결된 지방에서는 보리에 대한 세금이 무척 무거워 국수 가격이 비쌌는데 훗날 세금 경감으로 가격이 하락하자 국수 상인들이 더욱 많아졌다. 이는 세금의 변화가 상업에 영향을 미친다는 것을 말해준다. 또 같은 물품을 생산하는 두 지역이 무역에서 서로 다른 발전 정도를 보이는 경우도 있다. 대략 육로가 많고 산길이 험하면 운송비가 비싸고, 철로가 가깝고 해운이 편리하면 운송비가 싸진다. 이는 운송비에 따라 상업의 성쇠가 갈린다는 것을 말해준다.

다양한 세계 정치를 이해하는 것은 상황[勢]에 대한 인식이고, 각지에 적합한 것이 무엇인지를 보는 것은 이치[理]를 깨닫는 것이다. 나라마다 서로 다른 환경을 가지고 있기 때문에 동일한 형식을 따를 수 없고, 서로 맞지 않는 것은 보완할 필요가 있다. 중국과 인도는 차 재배에 적합하고 영국은 옷감을 짜는 데 능하여 영국인은 중국과 인도의 차를 사고 자신들이 생산한 직물을 이곳에 파는 것이다. 프랑스는 비단을 잘 짜고 영국인은 기계 제조에 능해 양국은 상대방의 상품을 선호하기도 한다. 미국은 면화를 많이 생산하고 영국은 조선에 능하므로 미국은 영국의 배를 사고 면화를 영국에 팔곤 한다. 결국 각지에는 서로 다른 토산품이 있고 서로 다른 전문 기술이 있으며, 그 기술은 아버지로부터 자식에게, 다시 손자에게 전수되어 각 지역에 맞는 고정적인 산업으로 자리 잡으며 더욱 정교해진다. 자신한테 남는 물건으로 다른 이의 부족을 메우는 것이 무역을 하는 이유다. 온화한 기후, 적당한 비와 일조량 등으로 사계절이 분명하면 토산품은 신선하고 저렴할 것이므로 이는 바로 하늘의 변화가 주는 이로움이다. 토양이 비옥하고 지맥이 잘 통하면 수확이 풍부하고 적절한 가격을 유지할 수 있는데 이는 땅이 주는 이로움이다. 스승에게 기술을 배운 뒤 자신의 경험을 통해 한층 정교한 상품을 생산해서 더 좋은 가격을 받는 것은 사람의 화합이 가져다주는 이로움이다. 하늘의 변화보다는 땅이 주는 이로움이 더 중요하지만 이 땅의 이로움도 결국은 사람의 화합이 주는 것만 못하다는 이치는 상업에도 적용할 수 있다. 이런 토대 위에서 상업을 연구한다면 남들이 생각지 못한 많은 이점을 얻을 수 있을 것이다.

제13장 상무 5

국가가 상업 활동을 진흥시키려면 반드시 과학과 제조업을 먼저 발전시켜야 한다. 이 분야의 인재를 양성하기 위해서는 이를 교육하는 학교를 세우는 것이 선행되어야 한다. 그리고 상부 대신은 세금에 관한 법령을 제정·반포하여 상인과 기술자를 보호해야 한다. 앞에서 언급했듯이 새로운 기계를 발명하면 특허권을 주고, 서양처럼 회사법을 만들어 이 권리가 안정되게 유지되도록 해야 한다. 그리고 관리와 백성들은 이유 없이 상인들을 괴롭히지 말아야 한다. 상인도 공금을 횡령하는 등의 나쁜 짓을 하지 않도록 하면 상업은 빠르게 발전할 것이다. 조사에 의하면 중국은 일본보다 먼저 유럽과 통상을 시작했음에도 상업에 관한 사무에 있어 일본보다 뒤떨어져 있다고 한다. 이것은 중국에 기계도 없고 학교에서 제조업을 가르치지도 않을뿐더러 상업에 관한 법령마저 미비해 중국의 상공업계가 제대로 성장할 수 없는 환경이기 때문이다. 중국에서 만든 기계 제품이 외제만큼 정교하지 못하고 가격만 비싸니 그 허점은 갈수록 커진다. 정부는 수시로 상업 관련 사무를 정비해서 이권을 회수하고 싶어 하나 정작 무엇이 관건인지를 모르고 있다. 수년 전부터 중국의 상공업은 내리막길을 걷고 있다. 전력을 다해 문제를 해결하지 않으면 결국 남들의 껍데기만 흉내 내어, 신발을 신은 채 가려운 곳을 긁는 격으로 실제적인 문제는 해결하지 못하게 된다. 지금의 상황을 인식하지 못하면 나라 상황은 더욱 어렵게 되고 백성들은 가난해져, 감히 상상할 수도 없는 결과에 이르게 될 것이다. 따라서 나는 국가의 부강을 위해, 학교를 세우고 기술을 전수하여 기계를 만드는 일의 중요성을 강조하고 새로운 세수 정책을 시행하여 과거의 이금세를 폐지하고 상공업을 도와야 한다는 필요성을 계속해서 역설하는 바이다. 이렇게 하지 않으면 국가의 위급한 상황을 타개할 수 없다. 서양에서 발간된 서적을 읽어보니(영국에서는 매년 여러 나라의 정책을 소개한 책과 서양의 유명한 학자들의 저서가 발간된다. 여기에는 정치, 해운, 철로, 군사, 국고, 토산품 등의 내용이 아주 상세하게 기록되어 있다.) 상업 발전의 관건은 역시 제조업이다. 제조업 중에서도 기계의 제조와 사용이 무엇보다 중요하다. 중국은 제조국製造局을 설립한 이래 대포, 선박, 군수 물자 등을 만들어냈지만, 원료를 외국에서 수입하고 방법도 서양의 것을 모방하다 보니 핵심 기술을 알지 못해 실질적인 성과를 거두지 못했다. 민간에서는 백성들이 옷, 종이, 서적, 정미 등에 기계를 사용했지만 실험적인 단계에 머물렀을 뿐 아직 널리 이용하지는 못하고 있다. 그러나 제사製絲 업계에서는 공장의 규모를 늘리고 방직 기계를 사용하면서 생산량이 증가하여 이익이 세 배나 늘어났다. 덕분에 방직 기계가 더욱 널리 보급된 것은 좋은 본보기일 것이다. 다만 이런 기계들을 여전히 수입에 의존하다 보니 자본이 적은 민간에서는 이용하기가 쉽지 않고, 서양인들은 이 약점을 이용하여 이미 서양에서는 쓰지 않는 기계를 중국에 공급하는 등 속이는 경우가 많았다. 기계 한 대를 들여와도 사용법만 알고 구조를 잘 모르는 탓에 고장이 나면 서양 기술자를 불러야 하니 어찌 그들의 손아귀에서 벗어날 수 있을까?

중국인들은 그저 기계를 사서 사용하려고만 했지 직접 기계를 제조해서 더 많은 이익을 얻는 것까지는 생각하지 못했다. 기계를 만드는 공장을 더 많이 세워서, 사용해본 기계를 선택해 모방·제조해보고, 기술을 축적하여 새로운 기계를 만들어보아야 한다. 그렇게 하면 독창성은 부족하더라도 최소한 그들을 좇아갈 수 있고, 중국의 이익 또한 외국으로 빠져나가지 않을 것이다. 기계를 스스로 제조할 수 있으면 다양한 상품 생산이 가능해지므로 더 이상 외국에 이익을 뺏기지 않을 것이다.

중국은 주로 외국에 원료를 수출하고 완제품을 수입한다. 이렇게 보면 누가 이로운 것인지 바로 알 수 있다. 중국은 온대 지방에 속해 있어 생산품들이 외국 것보다 양질임에도 불구하고 원료에서만 우세를 점할 뿐 제조와 가공 면에서는 경쟁력이 떨어진다. 외국인들은 중국에서는 별다른 쓸모가 없는 닭털, 양털, 낙타털 등을 사다가 가공하여 정교한 상품으로 바꾸어놓았다. 중국인들은 이렇게 쓸모 없는 물건들을 외국인들에게 팔아 이익을 얻었다고 생각하지만 외국인들이 이것을 가지고 상품을 만든 후 중국에 되팔아 중국으로부터 막대한 이익을 얻는 것은 모르고 있다. 장래에 일본은 중국에 상품을 팔기 위해 대량으로 기계를 생산할 것이다. 일본인들은 중국인이 할 줄 모르는 것이나, 하고 싶어도 할 수 없는 것 혹은 쫓아갈 수 없는 것 등을 먼저 시도하여 내지에서 이익을 얻을 것이고, 연해에서는 또 외국인들이 이익을 유럽으로 가져갈 것이다. 이 빠른 변화의 흐름에 바로 대처하지 않으면 일본과 다른 나라들이 모두 이익을 얻고 중국은 가만히 앉아 아무것도 얻지 못하게 될 것이니 어찌 걱정하지 않을 수 있겠는가! 중국 수출 품목의 대종은 실(絲)과 차인데, 최근 몇 년 동안 양잠과 차 제조 기술이 모두 외국 수준에 미치지 못해, 장차 이익은 점차 외국으로 빠져나가고 결국 수출 역시 감소할 것이다.

외국의 차 제조 기술을 보면 이미 기계화가 이루어져 생산 품질이 일정하고 시간이 절약되며 제품이 정교할 뿐만 아니라 외부 환경 변화에 관계없이 생산이 가능한데, 일본인들은 그 제조 과정을 상세하게 기록하여 책으로 펴냈다. 누에고치에서 실을 뽑아내는 작업은 차보다도 더 쉽게 이익을 낼 수 있다. 프랑스 사람 랑두는 현미경으로 누에의 표면을 관찰하여 검은 반점을 발견함으로써 병의 조기 퇴치로 상품성을 높였다. 서양의 양잠 기술은 같은 시간에 뽑아내는 실의 양이 중국의 세 배나 되었다. 중국에도 병에 걸린 누에를 치료하는 방법이 있지만 연구가 많이 진행되지 않아 매년 많은 손실을 입고 있다. 세관의 외국인 세무사 캉피터는 이 문제를 개선하기 위해 프랑스에 사람을 파견하여 배워오게 했다. 그러나 중국의 전통적인 방법을 바꾸기가 쉽지 않고, 또 경직된 사고 탓에 중국인들이 외국의 새로운 방법도 잘 믿지 않는다는 폐단이 있다.

유럽 여러 나라는 자연과학을 대단히 중시하여, 모든 물건마다 관련 협회를 설립하고 그 분야를 과학적으로 연구하는 인재들을 모아서 인류에 유익한 연구 결과를 내놓곤 한다. 농사를 지으면서도 먼저 토양과 기후를 살핀 뒤에 심을 곡물을 정하고, 파종 후에도 성장을 도울 수 있는 방법을 계속 찾아 풍성한 수확을 거둠으로써 농부들은 더 많은 이익을 얻을 수 있었다. 양잠도 마찬가지다. 유럽 각국은 양잠 협회를 조직하여, 자국의 사정에 맞는 연구를 진행했다. 그래서 이미 여러 해 동안 성장에 따른 단계별 연구, 즉 어떤 뽕잎을 먹여야 하는지, 어떻게 해야 건강한 누에를 얻을 수 있는지, 왜 병이 나는지, 병은 어떻게 치료해야 하는지, 왜 일정한 시간이 되면 누에가 먹지 않고 잠만 자는지, 잠을 잘 때는 어떤 모습인지, 누에가 실을 엮는 방법과 색깔·크기는 어떠한지, 왜 꼭 일정한 시간이 되어야 실을 뽑는지, 누에고치의 색깔과 모습에 따라 병을 알 수 있는지, 왜 1년에 대여섯 차례 자라는지, 어떻게 해야 성장을 미루었다 다음해에 성장하게 할 수 있는지, 뽑은 실의 가늘기는 어느 정도인지, 왜 어떤 것은 광택이 나고 어떤 것은 그렇지 않은지, 어떤 누에가 좋은 누에인지, 어떻게 해야 실패하지 않고 이익을 낼 수 있는지, 뽕나무는 어떤 토양에서 잘 자라는지, 왜 벌레가 생기는지, 또 벌레를 어떻게 없애는지, 어떤 뽕잎은 어떤 누에가 잘 먹는지, 어떤 누에가 야생 누에인지, 어떤 누에가 집누에인지, 다른 어떤 지방에서는 어떤 누에가 나는지, 집에서 기를 수 있는 누에는 어떤 것이고 기를 수 없는 누에는 어떤 것인지, 누에고치와 누에 알은 어떻게 얻고 무슨 쓸모가 있는지를 연구한 결과가 축적되었다. 양잠 협회는 이런 정보를 서로 공유하고 책으로 출판하여 여러 나라에 제공하니 기술의 발전 또한 신속하게 이루었다. 과학자는 정확함과 정교함을 추구하니 배움에는 끝이 없어, 양잠 협회는 고생과 자금을 투자하는 것을 마다하지 않고 끊임없이 여러 나라의 정보를 수집했다. 이렇듯 잠업은 국민 경제와 밀접한 관계가 있고 국가의 주요 수입원이므로 당연히 중시되었다. 중국의 양잠 법은 원래 뒤떨어지지 않았으나, 꾸준히 노력을 기울이지 않아 전통 방식을 고집하고 수확의 결과는 운에 맡기는 경우가 많았다. 결국 매년 생산량이 증가하지 못하는 근본적인 이유는 양잠과 뽕나무 재배에 관한 본질적인 성격을 이해하지 못하는 데 있었다. 더구나 야생 누에에 대해서는 관심을 갖지 않았는데, 사실 야생 누에는 대단히 쓸모가 많다. 지금 중국인들에게 누에와 뽕나무 재배에서 이익을 얻고 재해를 방지하는 법을 이해시키려면 유럽 양잠 협회가 펴낸 책에서 교훈을 얻는 수밖에 없다. 이것은 중국의 상업을 진흥시키려는 사람들이라면 반드시 알아야 할 일들이다.

제14장 이금

1850년 광시廣西에서 태평천국의 난이 발발했으나 군비가 부족하여 진압이 어렵자 조정은 세금을 올려 문제를 해결하기로 하고 징수 항목을 늘렸다. 이리하여 교통 요지마다 '이잡〔厘卡〕'이라는 초소를 설치하여 통과하는 상인들에게 통과세인 이금을 거두고 전란이 평정되면 이를 바로 폐지한다 했다. 그러나 이후 광둥에서 일어난 염군捻軍이 평정된 지도 이미 30여 년이 지나서 여러 차례 황제에게 폐지 건의가 올라갔으나, 대신들은 처음에는 후속 처리를 위해 존속한다고 했다가 나중에는 동남 해안 방어를 이유로 이금을 폐지하지 않았다. 광둥성에서는 해안에서의 방어선 구축, 대포 구입 등의 이유로, 상하이에서도 출입세로 연해 방어선 구축을 한다는 이유로 계속 유지되었다. 이곳을 통해 걷힌 세금이 모두 제대로 쓰인다면 백성들에게 부담은 될망정 국가에는 도움이 될 것이다. 그러나 이금 10문을 걷으면 국가에는 불과 2~3문이 돌아갈 뿐이고 나머지 가운데 반은 관리들에게 착복되고 나머지 반은 또 쓸데없이 낭비되니, 국가가 얼마 되지 않는 이익 때문에 백성들에게 부담을 줄 필요는 없을 것이다.

이렇게 눈먼 돈을 걷기 위해 최근 내륙 지역에는 무분별하게 초소를 세워 보통 10리 길에 몇 개가 있을 정도다. 상인들이 세금을 내지 않기 위해 초소를 통과하는 대신 멀리 돌아가는 일이 갈수록 잦아지니 세수는 더욱 적어지고, 이런 일을 방지하기 위해 곳곳에 새롭게 초소를 설치하다 보니 불가피하게 초소는 더욱 많아지게 되었다. 그러나 세금 누수를 막기 위해 초소를 설치하더라도 이금을 올려서는 안 되는 것이다. 상인들의 어려움을 덜어주기 위해서는 그들이 내는 이금에 대해 영수증을 발급하여 다음 초소에서는 이 영수증에 근거하여 이금을 면해주는 방식으로 이중 과세를 없애야 한다. 만약 앞의 초소에서 내지 않았으면 다음 초소에서 내면 되는 것이다. 중요하지 않은 초소는 전부 철폐하여 백성들을 괴롭히지 말고 경비도 줄여야 한다. 여론에서 이금만큼 백성을 괴롭히는 것이 없다고 주장하는 것을 새겨들어야 한다. 출입세는, 액수는 비록 많지 않지만 부패한 관리들이 부당하게 벌금을 매기거나 고의로 백성을 못살게 구는 일들이 걱정되니 이런 것들은 당연히 폐지해야 할 것이다. 근래에는 투기로 많은 돈을 버는 상인들이 대다수 세무 관리들에게 뇌물을 주고 법망을 피해 가곤 했다. 만약 상인들이 뇌물을 주지 않으면 관리들은 트집을 잡아 상인들을 못살게 하고, 법을 집행하는 부서의 관리들까지 가세하여 부패를 저지른다. 매달 뇌물을 주면 상인들은 상선이 초소를 지날 때 건성으로 조사를 받고 화물의 이금도 20~30퍼센트만 내게 된다. 그러나 미리 뇌물을 주지 않으면 관리들은 상인들에게 마치 적이나 원수를 상대하듯 갖은 못된 짓을 다 하는 것이다.

이금이 당면한 문제에 대해 양란칭楊然靑은 다음과 같이 지적했다. "이금 액수와 손익을 보니 여기에 다섯 가지 중요한 점이 있음을 알게 되었다. 첫째, 이국釐局에는 위로는 태수, 아래로는 현령까지 탐관오리가 아닌 관리가 없었다. 곧 이곳에 임명될 후보 관리들조차 이국이 떼돈을 버는 곳으로 알고 어떻게든 거기에 들어가려고 한다. 그래서 이금이 많이 걷히는 곳일수록 온갖 방법에 의해 돈이 뜯겨 나가고, 상부로 올라갈수록 세수가 점차 줄어 정작 국고에는 징수액의 30~40퍼센트밖에 입고되지 않으니 국가에는 별 도움이 되지 않는다.

둘째, 외국인들이 선교를 시작한 이래, 백성들과 교회 사이의 문제가 심각해지면서 불순한 무리들이 떼를 지어 교회를 불 지르거나 선교사를 살해하는 일이 많아졌다. 이러한 일로 외국인들에게 배상을 해야 하는데 그 액수가 적게는 수천 냥에서 많게는 수만 냥에 이르렀다. 우후蕪湖에서는 한 사건에 무려 11만 냥을 배상하기도 했다. 돈은 한정되어 있는데 끝도 없이 물어주어야 하다 보니 결국 걷어야 할 이금이 갈수록 늘어날 수밖에 없었다.

셋째, 상업이 번성하면 이금도 많이 걷히고 상업이 쇠퇴하면 이금도 적게 걷히는 것은 당연한 현상일 것이다. 현재 중국의 상업은 거의 외국인들에게 잠식되었다. 수입이 1887년에 1,022억 3,669냥, 1888년에 1,289억 8만 2,893냥, 1889년에 1,108억 8만 4,355냥, 1890년에 1,270억 9만 3,481냥 규모로, 국내에 유입되는 외국 물품은 해마다 증가하고 있는 실정이었다. 외국 물품이 많이 들어오면 중국 상업은 그만큼 영향을 받을 수밖에 없고 이금은 감소하며 국고는 줄어든다.

넷째, 중국이 제조업을 시작한 이후 철과 석탄의 수요가 늘어, 일본, 영국, 오스트리아 3개 국가에서만 모두 26만 8,000톤, 은 200여만 원어치를 수입했다. 군사비 지출 등 다른 지출은 더욱 많아서 국고 수입에 비해 지출이 너무 방대하여 국고의 상황은 더욱 심각해졌다.

다섯째, 황허黃河와 정저우鄭州의 제방 붕괴, 뒤이은 산시山西성과 산시陝西성의 가뭄, 장쑤江蘇성과 저장浙江성의 수해水害로 인해 이 지방들은 세금을 감면해주고, 이와 함께 재해 복구비는 엄청나게 투입되었다. 게다가 이렇게 큰 재난을 겪은 탓에 열 집에 아홉 집은 사람이 없어 소비력이 감소했고 이금도 당연히 줄어들었다. 이것이 국고가 부족한 다섯 가지 이유다." 이런 까닭에 이금을 걷어도 국고에는 별 도움이 되지 않으니 하루빨리 이들을 통폐합하여 상인과 백성들의 편리를 도모해야 할 것이다.

상하이의 상인들은 초소가 상인과 백성에게 미치는 나쁜 영향에 대해 열 가지나 지적했다. 첫째, 토산품을 먼 곳까지 가져가다 보면 물건 값보다 세금이 더 많이 든다. 둘째, 물품은 무엇보다 신선함을 유지해야 하는데, 초소에서 검사를 위해 많은 시간을 허비하기 때문에 서너 곳의 초소를 거치다 보면 신선함이 떨어져 판로가 막힌다. 셋째, 실과 차가 시장에 나오려면 많은 검사를 거치게 되는데, 짐을 메고 가는 사람은 모두 마치 도적을 잡듯이 검색하여 불쾌감을 줌으로써 그들이 여행조차 하기 싫어하게 만든다. 넷째, 초소가 너무 많고, 짐이 있는 사람이면 누구에게나 이금을 징수하고,

초소를 통과하지 않고 돌아가려 하는 사람은 세금을 내지 않으려는 사람으로 오인하여 가중 처벌을 내리므로 상인들이 생업을 포기하는 일이 비일비재했다. 다섯째, 직접 만든 술도 외국 술 병에 담아두면 외국 물건으로 취급되어 세금을 내야 했다. 여섯째, 수건 몇 장이 초소병들에게 적발되었는데 병사들은 이는 견본일 뿐 나머지 물건들은 몰래 가지고 나갈 것이라 판단하여 벌금을 매겼다. 일곱째, 손님의 화물을 싣고 가던 선박이 물량을 잘못 보고하자 화물은 물론 선박에도 벌금이 매겨졌다. 그러자 광둥 포산佛山에서는 상인들이 상점을 닫고 장사를 거부하는 일까지 발생했다. 여덟째, 개인이 고려 인삼 몇 뿌리를 몸에 지니고 가다가 적발되었는데 밀수로 몰려 처벌을 받았다. 아홉째, 비단 상점들은 물건을 팔 때만 세금을 내고 살 때는 세금을 물리지 않기로 관리들과 협의했다. 그러나 시골에서 큰 마을로 나갈 때면 아직 거래가 성사되지 않았는데도 먼저 세금부터 내야 했다. 사정을 잘 모르는 순박한 사람들은 그냥 몇 냥씩 주었는데 관리들은 이를 좋은 돈벌이 기회로 이용해 끊임없이 돈을 요구했다. 만약 거부하면 대나무로 사정없이 때리기도 했다. 마지막으로, 오랜만에 멀리서 고향을 찾아온 사람이 짐을 많이 가져왔는데 세금 관계를 잘 몰라 검사를 당하고 벌금도 물었다. 또 마침 이것을 본 도둑들에게 노상에서 물건을 강탈당하는 봉변을 당하기도 했다. 이외에 아무런 이유 없이 구금을 당하고 곤욕을 치르다가 몰래 뇌물을 주어야만 풀려날 수 있는 경우도 있으니 상인들이 파시罷市를 하는 사례가 수없이 많았다. 외국인들이 중국에 가져오는 하찮은 물건들에는 세금을 물리지 않으면서 어찌 백성들이 빈번하게 사용하는 물건에는 빠짐없이 세금을 물리는가.

어떤 지방에서는 식품을 비롯해 세금을 물리지 않는 물품이 없고, 한두 개의 적은 수량에도 세금을 매기며, 이를 내지 않으면 물건을 강제로 압수한다고 위협한다. 내륙의 세무서는 백성들이 베를 시장에 내다 팔 때 필당 여덟 문전을 세금으로 걷는다. 과거에는 다섯 필 이상부터 세금을 걷었는데 지금은 한 필에도 세금을 걷는다. 또 어떤 지방에서는 해안 방어 명목으로 베 한 필, 부채 하나, 신발이나 양말 한 짝까지도 세금을 걷으니 백성들의 고통은 이루 말할 수가 없다. 큰 상인들은 자본이 풍부하여 세금을 내도 별다른 영향을 받지 않지만 영세 상인들은 자본이 변변치 못해 세금을 내거나 물건을 뺏기면 타격이 적지 않다. 후베이성湖北省 순무巡撫 탄징쏴이譚敬帥[24)는 생선, 게, 닭, 계란, 오리, 오리알, 채소, 벼, 과일, 베 등 생활 필수품은 5관전串錢 이하라면 모두 이금을 면해주어 백성들을 안심시켰다. 또 다른 지역에서도 모든 물품에 대해 5관전 이하일 경우에는 세금을 걷지 않았지만, 국고에는 별다른 영향을 미치지 않아 백성들이 크게 기뻐했다. 작은 물품에 대해서까지 세금을 걷는 것은 부패한 관리들이 사익을 취하려는 것인데, 그들은 항상 규정을 근거로 강변한다. 또 정상적 이금 외에 관리들이 마음대로 정한 항목이 많아 백성들은 괴롭기 그지없다. 따라서 이금을 철폐하지 않으면 상업의 발전은 기대하기 어려우니 차

라리 모든 초소를 통폐합해야 할 것이다. 개인적으로, 각 지방에서 생산되는 물품에 대해서는 원칙적으로 현지에서 세금을 걷고, 수출시에는 외국 세관에 맡겨 다시는 외국인이 중간에서 이금의 이익을 얻지 못하도록 막아야 한다고 생각한다. 각 초소의 관리와 병사, 순시선 등을 모두 없애면 엄청난 경비를 절감할 수 있다. 외국처럼 인지세를 도입하는 것도 고려할 수 있다. 인지세를 위해서는 인지를 각종 영수증에 붙이는 방법과 인지의 표시를 종이에 인쇄해 넣는 방법 두 가지가 있다. 징수액도 양과 가격에 따라 달리할 수 있어 비록 번잡하기는 하지만 백성들에게는 많은 도움이 될 것이다. 상인들의 계약, 부동산 계약, 임대차 계약, 어음, 주식 등에 인지세를 일률적으로 부과하면 기록으로 남기 때문에 재판이 벌어질 경우 관은 이것을 시비의 중요한 판단 근거로 삼을 수 있다. 인지가 없으면 고발해도 소용이 없으므로 상인들 스스로가 인지세를 내려 할 것이다. 그러나 인지세는 무겁지 않아야 한다. 영국의 경우 1년에 징수하는 토지세는 1,000만 파운드에 달하는데 중국은 땅이 넓고 인구가 많아 이보다 더 많을 것이다. 먼저 개항 항구에서 실시해보면 그 효과를 알 수 있을 것이다.

왕지엔 선생도 "이금의 폐해는 이루 다 말할 수가 없다"라고 지적한 바 있다. 본래 이금을 제정한 것은 부득이한 일이었다. 광둥에 염군이 횡행하는 바람에 급히 돈이 필요해진 국가가 이금을 걷어 난을 평정하고 사회 안정을 꾀하는 등 처음에는 이금이 커다란 도움이 되었다. 본래는 군사 행동이 마무리되면 바로 폐지하려던 것이었으나 30여 년이 지난 뒤에도 이금 징수는 여전히 시행되고 있고, 오히려 원래 규정이 지켜지지 않는 등 처음보다 이금의 폐해가 더 심해져 변방에서는 작은 규모의 상인들을 상대로 한 협박이 끊이지 않았다. 물가는 하루가 다르게 오르고 백성들의 생활은 날마다 더 피폐해졌다. 사실 이금 가운데 군사비로 들어가는 것은 불과 20~30퍼센트이고 나머지는 모두 관리들이 사사로이 착복하고 있다. 따라서 관리가 되려는 자들은 온갖 방법을 동원하여 이국이나 초소에 들어가려 하고, 상부에서는 자기 사람을 이곳에 보내려 하니 감히 누구도 폐지를 거론하지 못했다. 초소 한 곳이 증설될 때마다 경비가 늘어나니, 위로는 총판에서부터 아래로는 순시병까지의 월급과 식대까지 어떻게 조달되는지 묻지 않아도 알 수 있다. 최근에 황제는 여러 차례 이를 철폐하라고 지시했는데, 대신들이라고 어찌 상인들의 어려움을 해결하고 싶지 않겠는가. 그러나 이를 철폐한다면 각 성에서 필요한 자금을 마련할 방법이 없으니 고충이 따를 수밖에 없다. 다만 이금을 빨리 철폐하지 않으면 상인들의 어려움은 해결되지 않을 것이니, 이러한 폐해를 해결하기 위해 이금을 관세에 포함시켜 한 번에 징수하는 것도 고려해볼 만하다. 통상 조약에서는 외국 상품을 수입하고 국산품을 수출할 때 100냥당 5냥의 수출입세를 책정해놓고 있다. 만약 국산품을 다른 항구로 가져가면 다시 100냥당 2냥 5전의 세금을 내야 하지만 외국 상품은 36개월 내에는 세금이 면제되고 이 기간을 넘길 경우에만 세금을 낸다.

외국 상인들은 외국 물품이나 국내에서 구입한 물품에 대해 모두 100냥당 2냥 5전의 세금만 내면 된다. 유럽 각국의 세액은 백에 20내지 40이 가장 보편적이고, 100을 걷기도 하지만 양국 사이에 문제가 발생하면 100~200까지 걷기도 한다. 모두 사정의 손익에 따라 세액을 정하지 백에 5라는 경우는 없었다. 지금은 중국 상인이나 외국 상인 모두 백에 20을 표준으로 하고 있다. 외국에서 수입한 모든 물품은 개항 항구에서 세금을 내고 국산품은 첫 번째 초소에서 세금을 내도록 하는 새로운 규칙이 적용되고 있다. 초소를 전부 없앨 경우 한 번 세금을 내면 다시는 세금을 떼이지 않기 때문에 예전의 문제점을 한꺼번에 해결할 수 있으니 국가, 백성, 상인들에게 모두 도움이 된다.

제15장 세칙

1842년 대외 무역 금지령이 해제되어 중국이 여러 나라와 조약을 맺고 무역을 시작하면서부터 서양 상인들은 수입세를 내고 화물을 들여와 중국 각지에 내다 팔았다. 조약은 세관에서 정하는 세금, 즉 이금세釐金稅를 화물 가격에 따라 매기도록 정했는데, 총 화물 가격의 5퍼센트를 초과하지 못하도록 했다. 당시 중국이 걷는 세금은 아주 적었는데, 조약 체결에 참여한 관리들이 중국의 관세가 다른 나라보다 4~8배나 낮다는 사실을 몰랐기 때문이었다. 뒤이어 많은 일들이 발생하고 세수에 관한 제도들이 정착되면서 세금으로 걷힌 수입은 점차 군비 증강에 쓰였다. 이금세가 제일 많을 때는 매년 2,000만 냥에 달했지만 지금은 많이 줄어 1,500만 냥 정도이다. 비록 액수는 적었지만 국가에는 커다란 도움이 되었다. 이금은 국가의 주 세수인 토지세, 농지세와 비교해 장단점이 있었지만 시간이 흐를수록 적지 않은 문제점을 노출했다. 그래서 일 처리가 부당하다거나 세금을 걷는 세관이 너무 많다는 불만이 있었고, 국가는 새로운 세금을 걷어 이 문제를 해결하려 했다. 그래서 서양 상인들에게는 입국시 이금 대신 자구세子口稅라는 세금을 한 번만 내게 했지만 중국 상인들은 여전히 모든 세관을 지날 때마다 이금을 내야 했다. 서양 상인들은 절차가 간편해졌고 경제적으로도 이득을 보았지만 중국 상인은 그렇지 못했다. 결국 중국 상인들은 세금을 피하기 위해 서양 상인들에게 돈을 주고 자신의 화물을 서양 상인들의 명의를 빌려 운반하는 방식으로 세금을 피해 갔다. 서양 상인들은 중국 상인들의 화물을 자구세만 내고 대신 수입해주기도 하고 외국 선박을 이용해서 운반해주기도 했으며, 외국인 신분으로 금지된 화물을 들여오기도 했다. 같은 지역의 화물이라도 홍콩을 통해 들여오면 자구세만 내고 이금은 내지 않아도 되고 광둥 지역에서는 자구세가 아닌 이금을 내야 하는 식의 제도상의 허술함도 있었다. 같은 외국 화물이라도 서양 상인의 손을 거치면 이금이 없고 중국인의 손을 거치면 이금을 내야 해서, 마치 물고기를 물에서 내쫓는 것처럼 날이 갈수록 문제가 심각해졌다. 게다가 자국 백성들의 이익과 권리를 먼저 보호하지 못하니 국가로서도 커다란 부담이 되었다.

홍콩과 아오먼澳門은 이금을 걷지 않아 상인들이 모두 이곳을 지나가려고 하니 이금을 폐지하고 관세를 높이는 것을 고려해야 한다. 다른 항구에서도 국내외 상품을 막론하고 자구세로 통일하면 서양 상인들도 핑계를 대지 못할 것이고 중국 상인들도 불편을 느끼지 못할 것이다. 어떤 이는 외국인들이 이를 받아들이지 않을 것을 걱정하여 조약을 개정할 때까지 기다리자고 하지만, 우리 백성들에게 불리하고 주권에 해가 되고 있는 만큼 수시로 조약을 고칠 수 있어야 하고, 이번 개정을 이후 개정을 위한 준비 작업으로도 삼아야 할 것이다.《공법편람公法便覽》3장은 외교권과 외국 국민에 대해 분명하게 정의하고 있다. 그 중 2항은 "모든 교섭에서 외국 상인에 대한 일체의 장정章程은 각 주권 국가가 스스로 결정한다"는 것이다. 이것은 공법에도 부합되는 것으로, 외국인들이 아무리 교활하고 강해도 공법을 위반할 수는 없을 것이다. 유럽 각국의 세율을 조사해보니 기본적으로 20퍼센트에서 40~60퍼센트를 징수함은 물론 100퍼센트까지 수입 관세를 징수하는 곳도 있었다. 미국의 수입 관세는 75퍼센트로 상인들의 불만이 적지 않았다. 물론 전혀 관세를 물리지 않는 품목도 있었는데 이는 물품에 따라 편리를 봐주는 것이었다. 외국 술이나 담배는 특히 세금이 무거웠고 또 다른 영업 허가가 필요했다. 외국과의 조약에 따라 중국은 수입하는 시가나 외국 술은 식품으로 규정하여 세금을 물리지 않는데, 이는 유럽의 경우를 보더라도 대단히 불합리한 것으로 조약 내용을 수정해서 세금을 걷어야 할 것이다. 또 국내의 술, 담배, 골동품 등은 생활 필수품이 아니므로 세금을 많이 물려도 지나치지 않지만 이것들을 외국에 수출할 때는 수출세를 가볍게 해야 할 것이다. 중국에서 생산되는 것에 대해서는 수출세를 줄여 수출을 늘리고 중국에서 생산되지 않는 것에 대해서는 수입세를 늘려 외국 상품이 몰려드는 것을 막아야 한다. 우리의 이권을 회수하여 우리 상인이나 백성들이 부유해지도록 하는 것이 중요하다. 유럽의 세법을 보면, 수입 관세는 무겁게 하고 수출품에 대해서는 관세를 가볍게 하거나 심지어 전부 면제해주기도 한다. 지금 일본은 이미 이렇게 하고 있다. 세율을 정하는 것은 한 국가의 당연한 권리로, 아무리 힘이 센 국가라도 미약한 국가의 권리를 침해하지 못하고 아무리 작은 국가라도 큰 국가의 간섭을 받지 않는 것이 공법이 정한 바이다. 한 국가가 다른 국가의 화물에 무거운 세금을 물리면 그 국가는 다른 세금으로 이를 상쇄하는 것이 두 국가 사이의 공평한 법칙이기도 하다. 시기와 상황에 따라 세법이 달라져야 하는 이유가 바로 여기에 있다.

대외 무역 금지령이 해제되었을 때, 중국인은 무역에 익숙하지 못하여 선박의 출입과 화물 검사, 세금 징수를 외국인에게 맡겨 관리했다. 수도 베이징에는 총세무사, 각 항구에는 정·부세무사를 두어 외국인과 공동으로 감독·운영하도록 하고, 세무사 밑에는 1급에서 4급까지 정·부방판幇辦을 두었다. 그러나 화물 검사는 서양인이 담당했고, 중국인은 문서관리와 세금 징수를 맡았다. 중국과 외국이 이미 수십 년간 통상을 하여 이제 중국인도 관세 규칙에 정통하고 조약 내용에 익숙한데 무엇 때문에 외국인에게 이러한 일을 맡겨 암암리에 서양 상인들을 유리하게 만들어주는 것인가. 혹자는 중국인이 교활하고 성실하지 못해서 중국인을 고용하면 문제점이 많기 때문이라고 한다. 하지만 관세는 이미 정해진 것이고 모두가 지켜보고 있는데 설사 나쁜 관리가 있다 한들 어떻게 부정이 가능하겠는가. 규정을 다시 명확하게 정해서 경험 많고 상황에 밝은 삼품 이상의 관리들로 총세무사, 각 항구의 세무사, 방판 등을 점차 교체하고 모든 일을 규정대로 처리하게 한다면 수천만 원의 거액을 남의 손에 맡기지 않고, 서양 상인들에게 유리한 세칙을 적용하지 않아 세금 징수에 유리할 뿐 아니라 국가의 주권 보호에도 큰 도움이 될 것이다.

제16장 자강론

지금과 같이 국가가 위험에 처한 때일수록 국가의 안정과 발전을 도모하기 위해서 오직 스스로 강해져야 한다는 것〔自强〕을 모르는 사람은 없다. 스스로 강해지기 위해서는 먼저 법을 바꾸어야 한다. 그런데 법을 바꾸기 위해서는 전제 정치가 가장 효율적이라고 한다. 전혀 틀린 이야기는 아니지만 전제 정치는 입헌 정치만큼 공평하지 않다. 무엇 때문일까. 전제 정치는 군주제 국가에서 군주가 전권을 행사하는 것이므로 누구도 군주의 말을 거스를 수 없다. 왕조를 개창한 카리스마를 가진 황제가 문무를 겸비하고 사람을 잘 등용하며 신하들로 하여금 감히 부정을 저지르지 못하게 한다면 전제 정치를 시행해도 안정을 유지할 수 있을 것이다. 그러나 그 뒤의 황제들이 포악하고 사치스럽고 무지해서 그저 위세로만 다스리고 간신들의 농간과 관리들의 부패에 대해 눈을 감는다면 천하는 큰 혼란에 빠지게 되는 것이다. 진시황과 한고조漢高祖 이후 그 아들과 후손들의 흥망이 이를 잘 증명한다.

입헌 정치는 군주와 백성이 국가의 권력을 공동으로 장악하는 것을 말한다. 국가의 중요 정책은 의회에서 제정하는데, 의원들이 모두 옳다고 생각하면 정책을 실행하고 그렇지 않으면 부결시킨다. 조야가 한마음이고 군민이 같은 몸이다. 위로는 포악한 정치가 없고 아래로는 반란을 꿈꾸는 역모가 없다. 영국과 독일이 부강을 이룬 것과 일본이 변법을 통해 외국의 좋은 제도를 본받은 것, 벨기에, 스위스가 모든 나라의 보호를 받고 있는 것은 모두 입헌 정치를 실시했기 때문이다.

선인들은 "나라를 다스리는 사람이 있었고 그가 법률을 만들었다"고 했는데 이것이 전제 정치를 뒷받침하는 주요한 근거가 되었다. 그러나 이제 "법률이 있고 이에 의해 다스리는 사람이 있다"는 입헌 정치 사상으로 전환해야 할 시점이다.

최근 조정이 반포한 새로운 칙령은 대략 다음과 같았다. 황친 귀족들이 여러 나라를 둘러본 뒤 과거 제도를 개혁하고, 널리 학교를 세워 우수한 학생들을 선발하고, 이들을 서양에 보내 여러 방면의 기술을 익히고 무기를 연구하게 한다. 의회를 세워 상법 등의 법률을 개정한다. 신문사를 세우고 서양의 서적들을 번역한다. 관제를 개혁한다. 경찰을 만든다. 우체국 업무를 확충한다. 화폐법을 만든다. 자원을 개발한다. 인세를 만든다. 예비군을 활용한다. 농업과 공업을 중시하고 상업을 보호한다. 은행을 세우고 수표를 사용한다는 등이다. 그러나 이러한 사항들은 모두 내가 20여 년 전에 쓴 《역언》에서 이미 주장했던 바이다. 하지만 수구파 인사들은 서양 것이라면 무조건 반대하고 싫어했으며 유신파維新派 인사들은 어정쩡하게 어찌할 바를 몰랐다. 조정은 그저 형식적으로만 움직일 뿐 개혁을 두려워하여, 이해득실을 따지지 못한 채 자리보전에만 급급했다. 정책을 집행하는 사람은 더욱 현실에 안주하다 보니 아무리 좋은 정책도, 조정에서 총독과 순무에게 내려져 다시 사도司道를 거쳐 가장 말단인 부현에 하달되면 단지 한 장의 종이에 씌어진 공고문일 뿐이었다. 약간 신선한 이름으로 사람들의 시선과 귀를 가리는 것 외에 변한 것은 아무것도 없었다. 심지어 전임 관리가 많은 경비와 오랜 시간을 들여 준비해 새롭게 시작한 일을 후임자가 순식간에 없애버려도 누구 하나 애석해하지 않았다. 이는 중국에 입헌 정치가 들어서지 않았기 때문이다.

입헌 정치는 러시아와 터키를 제외하고 모든 문명국이 추구하는 제도이다. 지금의 일본 헌법은 원래의 일본 법률에 서양의 법률을 참고해서 만든 것이다. 중국도 바로 이와 같이 하면 내부를 안정시키고 외부의 적을 물리칠 수 있을 것이다. 어떤 이는 군주의 권한을 상실하게 된다고 우려하기도 하지만, 이는 영국, 독일 등에서는 의회의 결정이 군주의 뜻과 일치하지 않을 때 군주가 그 결정을 따르지 않아도 된다는 사실을 몰라서 하는 말이다. 과거에 영국의 학자 윌리스 톨은 "과거에는 이익에만 집착했다 하더라도 정부가 강해지면 도덕성을 추구하게 된다. 세력이 분산되면 국가는 쇠퇴한다. 따라서 의회를 열어야 한다"고 주장했다. 상하이의 포르투갈 영사는 "중국이 외세의 침략을 막으려면 무엇보다 백성들이 단결해야 한다. 우리나라는 가난하고 백성들도 많지 않지만 단결했다. 중국이 스스로 강해지지 못하는 것은 바로 위아래가 합심하지 못했기 때문이다"라고 했다. 당국은 백성들의 의견을 모아 나라를 잘 다스릴 수 있도록 헌법을 제정해야 한다. 서양의 방법을 참고하는 것 같지만 실제로는 예로부터 내려오는 우리의 방식이기도 하다.

해·제 — 중국 개혁에 대한 새로운 주장

1. 19세기 이전 중국의 대외 정책

중국은 수천 년 동안 세계의 중심이자 천조天朝임을 자처하면서 정치·경제·문화적으로 주변에 많은 영향력을 행사했다. 13세기에 몽골족이 유럽을 포함한 거대한 제국을 건설하기 전까지 중국은 동으로는 한반도와 일본, 서로는 고비 사막, 북으로는 싱안링興安嶺 산맥, 남으로는 베트남 등의 전 아시아를 아우르는 지역을 대외 정책의 권역으로 삼고 있었다. 몽골족이 왕성한 활동력으로 거대한 원元제국을 건설했음에도 중원의 문화에 적응하지 못하고 90여 년 만에 막을 내리자 그 뒤를 이은 명明은 원의 실패를 거울 삼아 무리한 영토 확장을 삼가고 내부 지향적인 정책으로 안정을 택했다. 그래서 바다에는 철저한 해금海禁 정책을 실시했고 북서쪽 변방에는 장성을 잇고 더불어 구진九鎭을 설치하여 100만 대군을 주둔시켰으며, 외부 세계로 나갈 수 있는 모든 길을 봉쇄했다. 덕분에 동남 연해에서 중국을 줄기차게 괴롭히던 왜구와의 관계를 제외한다면 중국은 대체로 평온한 상태를 유지해왔다. 또 다른 이민족인 만주족이 세운 청淸나라 역시 대체로 명의 대외 정책 기조를 유지했다. 청나라는 가경嘉慶 연간까지 명의 유민과 백련교白蓮敎, 천지회天地會 등 내부 반발 세력의 진압에 전력을 쏟았고 강희 연간 동남 연해에 제한적인 개방을 한 이외에는 대외 정책에 별반 변화를 보이지 않았다. 결국 이 시기에 중국 정부는 주변 국가들과의 특별한 정치적 사안이 없는 이상, 경제적 교류를 위해 호시互市를 설치하는 정도의 소극적 대외 정책을 폈던 것이다.

(1) 서양 종교의 전파

원대 이후 서양 세력이 기독교를 필두로 점차 중국에 밀려들기 시작했다. 1552년 스페인 선교사 하비에르St. Francis Xavier가 광둥에 도착한 것을 시작으로 포르투갈과 이탈리아 선교사들이 중국 내지 선교를 꾸준히 시도했다. 선교사들의 활동이 활발해지면서 그들은 과학에 대한 폭넓은 식견 덕택에 천문 기관인 흠천감欽天鑑에서 관직을 얻기도 했다. 하지만 이는 중국인들의 기독교 교리에 대한 인식이 깊어졌기 때문도 아니었고 포교 개방 차원에서 이루어진 일도 아니었다. 다만 중국 황제들이 이들 선교사들이 가져온 측우기, 시계, 지도 등을 보며 천문, 과학, 기예 등에 흥미를 느꼈고, 대외 관계에서 이들의 외국어 지식을 활용할 수 있었기 때문이었다. 더구나 역대 민란이 때때로 종교와 밀접한 관계를 맺었던 탓에 중국 정부는, 선교사들의 활동이 중국에서 비교적 호평을 받았던 이탈리아 선교사 마테오 리치[25]의 범주를 넘어서지 않도록 민감하게 대응했다. 특히 기독교 교리를 해석할 때 중국의 국가 근본인 하늘과 조상에 대한 경외심〔敬天畏祖〕에 저촉되지 않도록 할 것을 요구했다.

그러나 선교사들은 이를 지키지 않았고, 한 걸음 더 나아가 황제에게 교황의 명령에 따를 것을 종용했다. 이에 강희, 옹정雍正 황제는 수차례에 걸쳐 포교 금지를 명했다. 1735년 교황 베네딕트 13세는 중국 포교를 금지했고, 1746년 건륭乾隆 황제는 푸젠福建, 광둥 지역에서의 교회 설립과 포교를 금지했다. 이후 중국에서는 수십 년간 선교사들과 연관된 사건〔敎案〕이 끊이지 않았으며, 선교사들에 대한 위해 사건이 수시로 발생했다. 1805년 두 명의 선교사가 중국 지도를 로마로 몰래 보내려 하다가 적발된 후 선교사들에 대한 제한이 더욱 엄격해졌다. 급기야 도광道光 황제 때는 흠천감 내에서도 이들의 흔적을 찾아볼 수 없게 되었다. 그러나 연해 지역을 중심으로 서양 종교, 즉 기독교는 점차 포교 지역을 내륙과 베이징을 향해 확장해가고 있었다.

(2) 항구의 개방

1684년 중국 정부는 해금을 풀고 광저우廣州, 취안저우泉州, 닝포, 송장松江에 세관을 설립·개방했으나, 1755년에 제임스 플린트James Flint 사건이 발생하자 1757년 이후 외국 상인들이 출입할 수 있는 지역을 광저우 한 곳으로 제한했다.[26] 이후 1840년까지 83년간 광저우는 전국에서 유일하게 대외 무역을 위해 개방된 지역이었다. 이후 동쪽 차오저우潮州에서 서쪽 리엔저우廉州, 남쪽 하이난다오海南島까지 모두 69곳의 크고 작은 항구가 개방되었지만 무역 중심은 여전히 광저우였다. 광저우에는 조선과 일본은 물론이고 태국·필리핀·말라가·자바·말레이시아·베트남·미얀마 등 동남아시아 지역, 포르투갈·스페인·네덜란드·영국·프랑스·덴마크·스웨덴·이탈리아·오스트리아·러시아 등 유럽 제국, 멕시코·칠레·미국·페루 등 미주 지역에서 온 수많은 배들이 무역을 위해 몰려들었다. 물론 중국 상인들도 앞 다투어 배를 건조해 매년 1,000여 회씩이나 동서양을 왕래했고, 외국 무역에 의존해 사는 이들이 수십만 명에 이르렀다.[27]

중국 정부는 원활한 대외 무역을 위해 1685년 광저우에 상점 몇 곳을 지정하고, 그곳들로 하여금 외국 상인들을 대신해 중국 물품의 수출과 외국 물품의 수입을 담당하게 했다. 이러한 상점은 많을 때는 20여 곳, 적을 때는 4~5곳 되었다. 이 상점들을 통상적으로는 십삼행十三行이라고 불렀으며, 외국 회사를 대신해 물품 취급 업무를 한다 하여 행상行商이라고 불렀다. 중국 정부는 외국 상인들이 직접 중국 관리와 접촉하거나 중국 백성들과 교류하는 것을 원하지 않았으므로 행상들은 반관반민半官半民의 성격을 띠고 수출입 업무, 외국 상인 관리, 세금 징수에서부터 외국 상인과 중국 관리와의 사이에 필요한 연락을 담당하면서 대신 이익을 독점했다.[28] 외국 선박들은 순풍을 이용해 6, 7월에 광저우에 도착하여 11월에 떠났다. 이들은 먼저 중국 당국의 허가를 받은 후에 광저우 외항의 황푸黃浦에 정박하고, 통사通事, 매판買辦을 고용하여 가지고 온 화물을 양행洋行에 위탁 판매하도록 맡겼다. 통사와 매판은 통역을 해주는 것은 물론, 외국 상인들의 입국, 생활과 물품 위탁에 관한 모든 사무를 처리해주었다.[29)] 외국 상인들은 초기에는 양행을 통하다가, 거래가 빈번해지고 규모가 커지자 양행 이외의 지점에 자신들이 머무를 거점을 마련하기 시작했다. 중국에서는 이곳을 오랑캐들이 머무는 곳이라 하여 이관夷館이라 불렀다. 외국 상인들은 거래가 진행되는 기간 동안 여기에 머물렀는데 외출은 금지되었고 가족도 동반할 수 없었으며 거래가 끝나면 즉시 떠나야 했다. 중국 관리들의 눈에 이들은 여전히 오랑캐였고 오직 중국의 물품이 필요해서 오는 것이므로 중국의 입장에서는 그다지 달가운 존재들은 아니었다.

외국 상인들은 일단 중국에 도착하면 선박의 크기에 따라 내는 선박세와 화물에 따라 내는 화물세를 냈다. 선박세는 대략 은 480냥에서 1,100냥 정도이고 화물세는 2~4퍼센트 정도여서 두 가지를 합해도 그리 무거운 편은 아니었다. 외국 상인들이 정작 곤혹스러워했던 것은 세관 관리들의 무리한 갈취였다. 세관 관리들은 갖은 명목으로 돈을 요구했다. 18세기 초에는 외국 선박이 항구에 들어올 때는 30여 개 항목, 나갈 때는 38개 항목으로 수천 냥에 달하는 돈을 따로 내야 했다. 또 위탁 판매 맡은 양행으로서도 물품 대금을 받지 못하거나 거래 도중 발생한 분규로 손해를 보았을 때 마땅한 해결 방법이 없었다. 설사 관에 고소를 한다 해도 국제법에 전혀 인식이 없는 관리들로서는 별다른 해결책을 제시하지 못했다.

2. 갈등의 증폭과 전쟁

　18세기 말에 이르러 매년 중국의 대영국 아편 수입과 차 수출이 급증하자 영국 정부는 이윤이 많이 남는 이 거래를 지속적으로 증대시키려 했다. 나아가 산업 혁명 이후 급속히 발전한 자국의 방직 제품 시장을 확보하기 위해 일방적으로 중국 주도로 진행되는 방식보다는 대등하게 중국 시장이 더욱 개방되기를 원했다. 1793년 영국 정부는 중국의 시장 개방과 중국 내에서의 영국 상인의 활동 보장, 그리고 화물 보관의 편리를 꾀할 목적에서 한두 개의 중국 섬을 교두보로 확보하기 위해, 벵골 책임자를 지냈던 매카트니George Load Macartney를 특명 전권 대사로 임명하고 중국 정부와의 직접 교섭을 위해 베이징에 파견했다. 그래서 건륭 황제의 팔순을 축하한다는 명목으로 영국의 천문학자, 지리학자, 예술가 등과 90여 명의 호위병이 중국에 도착했다. 그런데 예의禮儀 문제가 발생했다. 중국 당국은 오랑캐인 이들에게 중국의 관례대로 황제를 알현할 때 무릎을 꿇고 머리를 땅에 조아리는 방식을 요구했고, 매카트니는 영국을 대표하는 사람으로서 영국의 방식을 고집했다. 사절단이 건륭 황제가 머무르는 러허熱河에 도착한 뒤 매카트니의 방중 목적이 순수하게 축하를 위한 것이 아니라 통상 확대를 요구하기 위한 것임을 알게 되자 건륭 황제는 불쾌함을 표시하고 그에게 서둘러 중국을 떠나라고 했다. 매카트니의 요구에 대해서도 "중국은 자체적으로 생산하지 못하는 것이 없어 외국

과의 통상이 필요하지 않지만 중국의 차, 자기, 생사生絲 등
은 서양 각국이 꼭 필요로 하는 것이니만큼 황제가 배려 차
원에서 특별히 호시를 열어 이를 베풀어주는 것이다"라는
전통적 시각을 견지했다. 더불어 추가 요구는 들어줄 수 없
으며, 만약 영국 선박들이 허가를 받지 않은 채 계속 동남 연
해를 따라 북상한다면 무력으로 저지할 것임을 분명히 경고
했다. 이에 매카트니는 실망하고 돌아갔지만, 중국에 체류
하는 5개월 동안 많은 중국 관리들과 접촉하고 중국 연해를
돌아보면서 중국 정치가들의 외부 세계와 근대 지식에 대한
무지, 관리들의 부패와 무능, 군비의 낙후, 백성들의 비참한
생활 등에 대해 깊은 인식을 가지게 되었다. 그는 떠나면서
신임 양광兩廣 총독 창린長麟에게, 최소한 영국 상인들이 중
국에서 상업 활동을 할 때 직면하게 되는 불합리한 조항들
만은 개선해줄 것을 요구했다. 그러나 이관에 머무는 외국
인들이 부근 꽃밭을 산보하는 것과 중국인에게 중국어를 배
우는 것이 허용되었을 뿐 그 외에는 어떤 것도 개선되지 않
았다. 매카트니가 돌아가고 2년 뒤, 영국 정부는 다시 한번
서신을 보내 "서로가 필요한 범위 내에서 공정한 교역을 하
자"고 요구했지만 건륭 황제는 "더욱 노력하고 성의를 보인
다면 영원히 은전을 내리겠노라"라고 대응하여, 양측 사이
의 좁힐 수 없는 입장 차이를 노출시켰다. 아직도 자신이 세
상의 중심이라는 전통적 생각을 가진 중국과 바다를 따라
새로운 영역을 개척해가는 영국이 가진 현실적 간격이기도
했다.

(1) 아편과 은의 유출

아편은 당대唐代에 중국에 전래되어 처음에는 앵속罌粟이
라 불렸다. 주로 진통에 효과를 보이는 약재로 쓰이다가 명
대에 이르러 오향烏香, 아편阿片, 또는 아부용阿芙蓉이라 불
리게 되었다. 16세기 말 포르투갈 상인들이 인도에서 아편을
수입하기 시작했고, 이것을 필리핀에서 수입된 연초에 넣어
피우면서 아편은 점차 대중화되었다.[30] 중국에서는 중독성
때문에 약재로만 상용이 허가되어 재배도 제한적이었다. 따
라서 중국 국내에서는 생산이 한정되었다. 청 초에는 피우
는 법이 더욱 정교해져 아편을 고약처럼 만들어 긴 담뱃대
에 넣어 피웠으며 이를 전문으로 취급하는 사람들도 등장했
다. 이런 아편이 옹정 연간에 매년 200상자 정도 중국에 수
입되었다. 아편이 인체에 미치는 해가 크다 하여 수차례 금
지령이 내려졌지만 강한 중독성 때문에 수입량은 더욱 증가
하여 1767년에는 매년 수입량이 1,000여 상자에 달했다.

영국은 초기에는 중국에 모직품, 광물, 시계, 유리 등을 수
출하고 차, 생사, 자기 등을 중국으로부터 수입했다. 역사적
으로 농업 경제 체제를 유지해온 중국인들에게서 영국 상
품은 그다지 큰 호응을 얻지 못했지만 영국에서는 차가 이
미 대중화되고 있어 질 좋고 값이 싼 중국 차가 꼭 필요했다.
초기에 중국은 영국에 차를 매년 30만 근斤 정도 수출했지
만 18세기 말에는 1,800만 근, 19세기 초에는 2,000여 만 근
으로 수출 성장 속도가 대단히 빨랐다. 이는 총 수출액의 90
퍼센트 이상을 차지하는 규모였다. 영국이 차 100근을 구입

하기 위해서는 백은 19냥 정도가 필요했지만 이렇게 지불한 백은 중 겨우 10퍼센트만이 회수되었다. 당시 유럽에 팽배했던 중상주의 분위기 속에서 현금이 중시되었음을 감안한다면 국가적으로 큰 손해가 아닐 수 없었다. 결국 중국과 영국의 무역에서 심각한 불균형이 발생한 것인데, 아편 무역이 수익을 많이 올리자 영국 상인들은 점차 아편 무역에 관심을 갖게 되었다. 아편 상인들은 아편을 은으로만 판매했으므로 중국 상인들에게 지불한 은을 회수하는 데 가장 효율적인 것이 아편이었다. 1773년 동인도 주식회사는 아편을 재배하는 데 좋은 환경을 가진 인도 아편의 전매권을 획득하여 재배를 장려하고 판로를 장악하기 시작했다. 1800년 양광兩廣 총독 지칭吉慶은 이러한 현상과 관련해 "오랑캐가 하잘것없는 물건으로 중국의 은을 바꾸어 가고 있다(以外夷之泥土, 易中國之貨銀)"며 중국 내륙 경제가 위험에 빠질 수 있음을 경고했고, 이어서 아편 판매를 법으로 금지시켰다. 1809~1817년 사이에 중국 정부는 다시 다섯 차례 금지령을 선포하고, 입항하는 외국 선박들로 하여금 행상들이 아편을 싣지 않는다는 보증을 서게 했으며 만약 아편이 발견될 시에는 무역을 전면 금지시키고 엄중한 처벌을 내리겠다고 경고했다. 그러나 1813년 동인도 주식회사의 전매권이 취소된 이후 오히려 항각 상인港脚商人들의 활동과 관리들의 부패로 인해 아편 무역은 더욱 활기를 띠었다. 항각 상인은 원래 동인도 회사가 특별히 허가한, 아프리카의 희망봉Cape of good Hope에서부터 인도양과 아시아 지역을 포함하는 몇 곳의 상업 지역에서 무역을 하는 상인들로, 처음에는 인도에 집중되었지만 중국에서 더 많은 이익을 얻게 되자 중국으로까지 진출한 것이었다.

이 시기에 중서 무역에서 외형적으로는 중국이 흑자를 기록하고 있었지만, 아편 무역을 포함한다면 중국은 매년 약 700여 만 냥의 무역 적자를 낸 셈이었다. 1820년 도광道光 황제가 즉위하여 행상들을 압박하고 광저우 당국이 황푸 지역에서 불법 아편 무역을 몰아내자 연해 지역에는 일시적으로 아편 무역이 줄어들었다. 그러나 "상부에서 정책이 세워지면 아래에는 대책이 마련된다(上有政策, 下有對策)"는 중국 속담처럼 이 지역에는 정책에 대항하는 새로운 형태의 밀수 거래가 나타나고 있었다. 영국 상인들은 아편을 가득 실은 배를 후먼虎門 외항의 링딩양伶仃洋이나 진싱먼金星門, 홍콩 등지에 정박시키고 실제 거래는 광저우에서 중국인 아편 상인들과 진행하고, 중국 단속선이 쫓아오지 못하는 소형 쾌속선을 이용하여 중국 상인이 원하는 곳까지 아편을 배달해주었다. 이러한 아편 무역은 대부분 자딘·메디슨 사Jardine·Matheson Co.이나, 덴트사Dent Co. 등 영국과 미국의 항각 상인들에 의해 이루어졌으며,[31] 1839년까지 연간 1,000만 달러, 즉 영국의 대중국 수출의 50퍼센트 이상을 차지했다. 광저우의 외국 상인들은 얻을 수 있는 최대 한도의 아편을 구입하여 어떤 망설임이나 도덕적인 가책도 없이 중국 내 판매에 열중했다. 아편 무역에 참여하지 않는 상인들은 단지 '자금이 충분하지 못하거나 신용이 부족해서 아편을 팔 수 있는 형편이 못 된 것일 뿐' 다른 이유는 없었다. 결국 영국을 비롯한 서양 상인들은 오직 '무역'이라는 명제 하에 아편을 상품화하며 중국 내부의 약점을 깊고 광범위하게 파고들었던 것이다.

중국에서 백성들은 일상생활에서는 동전을 사용했지만 세금은 은을 기준으로 납부해야 했다. 따라서 은값의 변화에 따라 동전의 가치가 결정되었다. 중국에서는 본래 은 생산이 많지 않았다. 또 부유한 집들은 은을 젓가락, 반지나 비녀 등 일반 귀중품으로 사용하거나 가구 등의 장식품으로 사용하기도 하고 때로 전쟁 등 유사시를 대비하여 장롱, 심지어 땅속에 묻어두기도 하여 실제로 유통되는 양은 갈수록 줄어들었다. 유통이 줄어들면 수요를 만족시키지 못하므로 은의 가격은 크게 오를 수밖에 없었다. 백성들이 아무리 열심히 동전을 벌어도 은의 가치 상승을 쫓아갈 수 없어서, 결국 물가가 오르고 특히 세금을 내는 시기가 되면 모두가 은을 필요로 하여 은의 가격은 급등하곤 했다. 아편 수입이 급증하자 이제 국외로 은이 유출되어 은이 더욱 부족해져서 시장에서 은의 가격은 크게 오르고 동전의 가격은 크게 하락하는 은고전저銀高錢低 현상이 나타나게 되었다. 18세기 말에는 은 한 냥이 동전 7,800문에 교환되었지만 40년 뒤인 19세기 초에는 은 한 냥에 16,000문으로 은의 가치가 두 배나 상승했다. 그 결과 백성들이 세금을 제때 내지 못하게 되고 국가 재정이 크게 위축되어 아편으로 인한 은의 유출은 더 이상 방관할 수 없는 지경에 이르렀다.

(2) 아편 전쟁과 난징 조약

중국은 전통적으로 아편에 대해 부정적 인식을 가지고 있었다. 가경 황제의 금연 정책 또한 아편이 "사람의 인성을 파괴하고 건강을 해친다(伐性狀生)"는 생각에서 비롯된 것이라 도덕적인 면이 강했다. 그에게 은의 유출은 부차적인 것이었다. 그러나 다음 황제인 도광 황제 때는 이미 경제적인 문제가 심각해져, 외부로부터의 아편 유입로를 차단하고 내부 판로를 차단해야 하는 절박한 상황에 이르렀다. 외부에서 유입되는 아편이 많아질수록 판로는 날로 넓어져 일반 백성들도 쉽게 아편을 접할 수 있었고, 은 유출이 많아질수록 은의 가격이 상승하여 백성들의 생활은 궁핍해졌으므로 민심은 날로 흉흉해졌다. 위로는 관리와 신사에서부터 아래로는 수공업자, 상인, 부녀자는 물론 승려나 도사 등 성직자들까지 아편을 피웠다. 일단 아편을 피우기 시작하면 한시도 뗄 수 없게 되고 움직이기 싫어하여 노동을 하지 않은 채 하루 종일 잠에 빠져 있으므로 가정은 파탄 나고 건강은 치료가 불가능한 정도에 이르렀다. 도광 황제는 1838년 12월 "아편을 막지 못하면 가정은 물론 나라가 망한다"는 절박한 심정으로, 장쑤江蘇 순무 시절 강력한 아편 근절을 주장했던 후광湖廣 총독 린쩌쉬林則徐를 흠차欽差 대신으로 임명하고 '누적된 악습을 제거하고 화근을 단절하라'는 특명을 내렸다. 흠차 대신은 황제의 명을 지역 현장에서 직접 수행하고 지역 행정관을 지휘할 수 있는 막강한 힘을 가지고 있었다. 1839년 3월 린쩌쉬는 외국 상인들에게 '통상 명목으로 들여온 아편은 금지된 품목으로, 위법으로 들여온 것이니 모두 내놓고, 앞으로 영원히 아편을 들여오지 않겠다'는 보증서를 제출하라고 요구했다. 아울러 행상들에게도 그들이 지금껏 '외국 상인들과 짜고 관리들을 속이며 저질러온 모든 죄상을 3일 내에 실토할 것'을 명했고, '만약 아편이 하루라도 사라지지 않으면 본관은 절대로 돌아가지 않을 것이며 이 일이 마무리되지 않으면 끝날 때까지 계속할 것'이라고 결연한 의지를 표명했다. 이것은 최근 100여 년 동안 중국 정부가 대외 통상에서 처음으로 보인 적극적이고 강경한 입장이었다. 그러나 외국인들은 이것이 일상적인 중국 관리들의 엄포라고 여기고, 3일 만에 1,037상자를 내놓겠다며 일을 마무리 지으려 했다. 이에 린쩌쉬는 바로 300여 명의 외국 상인이 머물고 있던 숙소 이관을 포위하고 모든 사람의 출입과 음식물 반입을 금지시켰다. 결국 영국 측은 며칠을 견디지 못하고 소유하고 있던 아편 2만 280상자를 내놓았다. 엄청난 양의 아편을 몰수한 린쩌쉬는 후먼 해변에서 중국 관리들과 외국 상인들이 지켜보는 가운데 이 아편들을 잘게 조각 내 석회를 섞어 태워버렸다. 이를 보고받은 도광 황제는 '통쾌하다(大快人心)'고 기뻐하며 린쩌쉬를 독려했다. 그러나 영국 상인들은 일단 아오먼으로 철수한 뒤 영국 정부에 이를 보고하고 강력한 후속 조치를 요구했다. 린쩌쉬도 전쟁을 감지해, 포대를 증축하고 새 대포 300문을 구입하며 군사 시설을 재정비했으며 더불어 해군 5,000여 명을 모집해 훈련시키는 등 영국과의 무력 마찰에 대비했다. 영국 정부는 국제적으로도 금지 물품인 아편 문제로 전쟁을 벌인다는 것에 상당한 부담을 느꼈다. 그러나 국내 상공업자들의 압력이 거세지자 중국 시장에서 영국 상인들의 이익을 보호한다는 명분을 내세워 1840년 2월 해군 제독 조지 엘리엇 George Elliot의 지휘 아래 군대를 파견했다. 그리고 이 군사 행동은 다만 중국의 무례에 대한 일종의 보복일 뿐 전쟁은 아니라며 정식 선전 포고조차도 하지 않았다.

1840년 6월, 영국 군함 16척, 보급선 28척, 해군 4,000여 명이 광둥 앞바다를 봉쇄하고 샤먼厦門, 딩하이定海에서 중국 군에게 무차별 포격을 가한 뒤 북상하기 시작했다. 대규모 충돌은 아니었지만, 활, 칼, 소총 등 재래식 무기에 질이 떨어지는 포대만을 가졌을 뿐 제대로 훈련되지 않은 중국 군은 애초부터 영국군의 상대가 되지 못했다. 광저우가 불바다를 이루고 이에 그치지 않은 영국군이 황제가 있는 베이징을 향해 진격하겠다는 의사를 보이자 중국 조야는 일순간에 얼어붙고 말았다. 일부 눈치 빠른 관리들은 린쩌쉬의 조치가 성급했음을 탓하며 영국과의 화의를 모색하게 되었다. 재난이 코앞에 다가오자 도광 황제 역시 동요하여, 만주족 원로 대신인 치산琦善을 흠차 대신으로 임명하여 문제를 수습하도록 했다. 치산은 원래 린쩌쉬를 마땅치 않게 여겼고 국제적인 지식 또한 많이 갖추지 못한 터라 영국군의 무력시위에 굴복하고 말았다. 그래서 결국 1841년 1월, 중국 최남단인 홍콩 할양, 600만 원 배상, 국교 평등, 광저우의 무역 회복, 영국군 포로 석방 등 영국의 일방적인 조건을 그대로 받아들이기로 엘리엇과 초보적인 타결을 보았다. 그러나 무력 대치를 서둘러 종식시켜줄 이 내용들은 중국 측으로서는 도저히 받아들일 수 없는 것들이어서, 진노한 도광 황제는 치산을 파면하고 그의 재산을 몰수했다. 협상이 결렬되자 영국군은 다시 무력 진압을 결정하고 후면 공격을 시작으로 광저우 성으로 진격했고, 영국에서 온 증원군과 함께 점차 북상하여 8월에는 중국 제2의 도시 난징南京을 압박했다. 딩하이, 전하이鎭海, 닝포가 함락되고 톈진天津, 베이징이 위험해지자 다급해진 도광 황제는 어쩔 수 없이 배상금 항목을 제외한 다른 사항들을 받아들이게 했다. 그러나 영국군이 물러서지 않고 공격을 계속하자, 황제는 8월 29일 영국 측이 요구한 모든 사항을 받아들이는 조약을 체결하게 되었다. 이것이 이른바 난징 조약, 중국식 이름으로는 만년화약萬年和約이었다. 그 주요 내용은 영국인과 그 가족의 중국 거주 허가, 광저우·푸저우福州·샤먼·닝포·상하이의 개방, 영사관 설치, 홍콩 할양, 2,100만 원의 아편 배상금과 전쟁 배상금 지불, 행상을 거치지 않는 자유 무역 허가, 구금된 영국인의 석방과 영국인과의 교류 때문에 체포된 중국인에 대한 관대한 처벌, 수출입세의 체결, 양국 관리들의 동등한 교류 등이었다. 아편으로 야기된 전쟁이었지만 조약 내용에 아편은 언급조차 되지 않았고 영국이 요구한 모든 조항이 그대로 반영되었다. 이후 영국이 더욱 구체적이고 상세한 내용을 담은 장정을 요구하여 1843년 10월에 후면 조약이 체결되었고 영국 상인은 중국 내륙 지역까지 합법적으로 진출하게 되었다. 이 조약에는 영사 재판권 조항, 관세에서의 최혜국 대우 조항 등과 함께 만약 이후 다른 나라들이 새로운 혜택을 받게 되면 영국 역시 자동적으로 혜택을 받게 된다는 엄청난 불평등 조항이 포함되었다. 물밀듯이 밀어닥치는 서방 세력 앞에서 점차 천조의 붕괴가 예고되고 있었다.[32]

3. 상인이 된 유생

(1) 유학을 포기하고 상인이 되다

정관잉(자는 정상正翔, 호는 타오자이陶齋 또는 쥐이居易)은 난징 조약이 체결된 이듬해인 1842년 7월 24일, 광둥성 샹산현香山縣 용모향雍陌鄉에서 정원뤠이鄭文瑞의 구남팔녀 중 차남으로 태어났다. 부친은 과거에 수차례 응시했다가 실패하고 서당을 차려 후학을 지도하는 전통적인 서생으로, 후학 지도 외에 농로에 물길을 대는 일이나 다리 설치, 빈민 구제 등 지방 공익 사업에도 지대한 관심을 기울인 지방의 지식인이었다. 그는 자신이 과거에서 이루지 못한 꿈을 아들이 이루어 관직에 나가기를 기대했다. 그래서 관잉은 1858년 16세 때까지 부친에게 유학 경전을 배우고 고향에서 치러지는 동자시童子試[33]에 참가했으나 통과하지는 못했다.

그가 태어난 샹산현은 홍콩과 인접한 지역으로 광저우로 들어오는 입구였고, 많은 외국 상인들이 활동하던 아오먼의 옆이었다. 따라서 19세기 전후에 서양 세력이 중국에 들어오는 과정을 그대로 경험할 수 있었다. 주민들은 일찍부터 서양 상인들과 접촉할 수 있었고, 이들과의 무역을 통해 돈을 번 주민 역시 적지 않았다. 그러나 이곳 출신들이 무엇보다도 두각을 나타낸 영역은 외국 양행에 근무하는 매판이었다.[34] 정관잉의 친척 중에서도 매판이 적지 않았다. 숙부인 정팅장鄭廷江은 상하이 오버웨그사Overweg & Co.(新德洋行)의 매판이었고 친척 쩡지푸曾寄圃는 덴트사의 매판이었다. 당시 가장 유명한 매판이었던 탕징싱은 가까운 친척이었고, 쉬룬徐潤 역시 집안 대대로 친교를 맺어온 사이였으며, 집안의 형인 정지둥鄭濟東도 쉬룬과 같이 양행에서 일을 배우고 있었다. 이 지역 사람들이 상업에 뛰어들거나, 특히 먼저 외국 양행에서 근무하던 사람들이 고향 사람들을 불러들이는 일은 흔했다.

당시 상황에서 과거에 실패한 지식인들이 선택할 수 있는 길은 다음과 같았다. 첫째는 이미 창장 유역을 휩쓸고 있던 태평천국군에 합류하여 현실 정치의 개혁을 꿈꾸어보는 것, 둘째는 양광 지역에 출몰하는 회당會黨에 가입하여 도적이 되는 것, 셋째는 공부를 포기하고 장사에 뛰어드는 것이었다.

서당 운영으로 열일곱 남매를 부양하는 가정 형편상 관잉이 공부를 계속할 것을 고집하기는 쉽지 않았고, 그렇다고 전통적인 사대부 후예가 태평천국군이나 회당에 가입하여 도적이 된다는 것은 더욱 불가능했다. 샹산현 같은 지리적 위치에서나 상업이 발달한 지역에서는 공부를 포기하고 장사에 뛰어드는 이른바 기유종상棄儒從商이 지식인들의 또 다른 선택으로, 중국 사회에서는 그리 낯선 일이 아니었다.[35] 관잉은 자신이 뜻한 바는 아니었지만 상하이로 가서 숙부 정팅장에게 의지하게 되었다. 상하이는 개항한 지이미 10여 년이 지나 상업이 대단히 발전한 곳인 만큼 외국 양행들이 많았고, 그는 쩡지푸, 쉬룬 등의 소개로 미국 회사인 덴트사에서 일을 시작하게 되었다. 이때는 영국, 미국, 프랑스, 러시아 등이 중국 침략을 더욱 노골화하는 톈진 조약을 체결하고 베이징을 더욱 압박하던 시기로, 외국 상인들은 톈진을 베이징 진출을 위한 교두보로 삼기 위해 호시탐탐 노리고 있었다. 덴트사도 이를 위해 관잉을 임시 고용하여 지방에서 상업 정보를 얻어 오게 했다. 남방 출신인 관잉은 처음으로 북방의 추운 겨울이라는 악조건에 처했지만 열심히 유리한 정보를 수집해 회사에 보냈고, 점차 회사의 신임을 얻어 상하이로 돌아오자마자 바로 매판으로 임명되었다. 그는 저녁이면 영국인 선교사가 세운 영화서관英華書館에서 영어를 배우며 서양 자본주의와 선진 과학 기술에 눈뜨기 시작했다. 그러나 회사는 미국 남북 전쟁의 영향으로 사업이 순조롭지 못해 결국 1868년 문을 닫았고 그도 일자리를 잃었다.

(2) 초기의 사상

정관잉은 이후 20여 년간 광둥 매판의 일원이 되어 외국 회사에서 일하면서 처음으로 현실적인 경험을 통해 국가와 민족의 존망에 대한 인식을 가질 수 있었고, 이를 정리해 첫 번째 저서인《구시게요救時揭要》를 썼다. 상인이 당시의 사회 문제에 대해 책을 쓴다는 것은 쉬운 일이 아니었지만 본래 유생이었던 그에게는 어쩌면 당연한 것이었다. 시기적으로 서방 열강이 2차 아편 전쟁을 통해 정치, 경제, 문화 등 각 방면에서 중국을 침략하는 데 적극적이던 때였다. 그리고 중국 내에서는 양무운동이 한창 진행되던 때였기 때문에 정관잉은 중국과 서양이 첨예하게 부딪치는 현장에서 열강들의 침략 야욕과 구체적인 사례 등을 목도할 수 있었다.

그가 맨 먼저 언급한 것은 인신매매 문제였다. 중국에 들어온 외국인들은 중국의 값싼 노동력에 주의하여 많은 중국인들을 남미의 페루 등지에 노예로 팔아넘기는 사업에 열중하고 있었다. 이렇게 팔린 중국인들을 주짜이猪仔(돼지 새끼) 혹은 쿠리苦力라 불렀는데, 아오먼 등지에 이들을 모았다가 판매하는 곳이 200여 군데가 넘었다. 이들은 모두 납치되거나 일당이라도 벌기 위해 시장에 나왔다가 영문도 모른 채 끌려와 갖은 학대를 받고 구금되었다가 이름도 모르는 낯선 곳으로 팔려 나갔다. 오랜 뱃길과 열악한 환경을 견디다 못해 스스로 목숨을 끊거나 영양 결핍과 부상으로 죽는 자가 태반이었지만 중국에서는 아무도 이들에게 관심을 기울이지 않았다. 이렇게 중국인들을 모집해서 사 가는 외국인이 중국에 오면 당연히 중국의 법률을 따라야 하고, 설사 그들이 중국 내 특수한 지역에 머물더라도 중국 법의 적용을 받아야 하는데, 그럼에도 불구하고 이들은 실질적으로 치외법권을 누렸다. 정관잉은 최초로 이 문제에 대한 사회적 관심을 불러일으키려 노력했다.

그가 두 번째로 언급한 것은 아편 문제였다. 정관잉은 아편이 "몸과 마음을 구속하고 정신을 혼미하게 만들며 산업을 황폐화"하는 등 치명적인 피해를 끼치기 때문에 모든 사람이 아편을 경계해야 하고 또 아편을 법으로 금지해야 한다고 말했다. 무엇보다 아편을 피우는 사람은 관리로 등용하지 말고, 또 피운 적이 있는 사람은 이미 관리가 되었다 하더라도 즉시 파면시킨다면 "금지하지 않아도 저절로 금지"되어 산업이 정상화될 것이라고 했다.

세 번째로 그는 사회적으로 일을 하지 않는 무위도식 인구가 너무 많다고 지적했다. 이들이 아편을 피우고 무리를 지어 도적질을 일삼으니 사회 불안의 원인이 된다는 것이다. 나라의 근본은 백성이고 백성의 생활이 중요한 만큼, 이들이 스스로 자립할 수 있도록 수용 기관인 의원義院을 세워 이들을 양민으로 전환시켜야 한다고 주장했다. 사람의 근본은 마음에 있으므로 마음을 가다듬는 것이 중요하고, 중국 전통 사회 사상인 유교·불교·도교가 중심 역할을 해야 한다는 것이다.

네 번째로 그는 상인의 권리를 보장하고 상인이 근대 산업에 투자하도록 유도해야 한다고 했다. 양무운동으로 근대 산업에 대한 관심은 높아졌지만 이에 대한 상인들의 투자나 제반 여건이 갖추어지지 않았기 때문이었다. 따라서 당시 폭발적으로 발전하던 해운업을 중심으로 '관의 힘과 상인의 자본'이 결합해야 한다고 그는 주장했다. 특히 창장長江

을 오가는 17, 18척의 중국인 선박이 모두 외국 회사의 이름을 붙인 것과 관련해, 관이 상인들을 보호해주지 않으면 상인 자본이 투자에 나서지 않을 것이라고 우려했다. 뿐만 아니라 선박 제조에서도 관이 모든 것을 다 하려 들지 말고 상인들로 하여금 스스로 하게 만든다면 그들 자신의 재산이나 생명과 관계되는 일인 만큼 누가 특별히 감독하지 않더라도 그들은 최고의 선박을 만들게 될 것이라 했다. 다만 관은 상인들에게 유리한 외부적 환경을 조성해주는 일에 전념하고 전국 각지에서 베이징으로 운반되는 세금인 조량漕糧을 중국 상인들에게 맡기며 이 과정에서 관리들이 중국 상인들에게서 뇌물을 갈취하지 않으면 서양 상인들과 견주어도 충분히 경쟁력이 있다고 주장했다.

(3) 상업 자본가로 성장

1871년 러시아가 이리伊犁를, 1874년 일본이 타이완臺灣을 침략하자 외세에 대한 중국의 위기감은 한층 고조되었다. 정관잉은 한편으로는 차 사업을 시작했고, 친구인 꿔간장郭甘章, 탕징싱과 함께 영국인들과 해운 회사인 공정윤선공사公正輪船公司를 창업했다. 이 회사는 명의상으로는 중·외 합작 회사였으나 실권은 영국인들이 가지고 있어서 중국인들은 별다른 영향력을 행사할 수 없었다. 비록 자금을 투자해 영국 상인들의 경제 침략을 돕는 꼴이 되긴 했지만 정관잉은 여기서 해운업에 관한 경험을 쌓으면서 외국의 '경제 침략'이라는 현실을 인식할 좋은 기회를 가졌다. 이렇게 경험을 쌓던 정관잉은 1874년, 버터필드사Butterfield & Swire(太古洋行)가 덴트사 소유의 배를 인수해 윤선 회사를 설립하자 이 회사의 총매판으로 취임했다. 그는 실권을 가지고 선박을 효율적으로 운행하며 무엇보다 중국인 인맥을 활용하여 적재적소에 인재를 등용하고, 적극적인 수하물 유치 등으로 회사에 많은 이익을 남겼다. 그의 이러한 탁월한 성과로 인해 회사는 그에게 연 7,000냥 이상의 고액 연봉과 보너스, 영업액에 따른 수수료 등을 보장했다. 그는 당시의 많은 중국 매판들처럼 짧은 시간 안에 많은 재력을 축적하여 명실상부한 재력가가 되었다. 정관잉은 많은 외국인들과의 접촉을 통해 서양 시스템을 이해하면서 축적한 자신의 자본을 양무운동으로 탄생한 많은 근대식 기업에 투자하기 시작했다. 특히 그는 광산 개발과 제조업에 많은 관심을 보였는데, 화북 지역의 광산과 상하이 기기직포국이 주된 투자 대상이었다. 이러한 경험을 바탕으로 그의 사상도 한층 성숙해져 1880년에 그는 두번째 저서《역언易言》을 출판하게 되었다.《구시게요》가 현상적인 문제를 비판하고 대략적으로 감성적인 대안을 제시하는 데 머물렀다면《역언》은 더욱 악화된 상황에 대해 서학西學 학습이라는 구체적인 대안을 제시하며 이성적인 논조를 펼치는 데까지 발전했다. 서양 자본주의 세력이 무력을 앞세워 중국을 공략하고 있는 만큼 중국의 입장에서는 그들의 장점을 배워 단점을 공략할 필요가 절실했기 때문이다. 따라서 그는 광산〔論開〕, 철도〔論火車〕, 전보〔論電報〕, 기계〔論器機〕, 해운〔論船政〕, 해군〔水師〕,

훈련〔練兵〕, 무기〔火器〕 등 중국이 시급히 배워야 할 것들을 분야별로 나누어 서양의 장점을 논하고 이러한 장점을 배울 것을 주장했다. 서학과 관련해서는 무엇보다 중국보다 앞선 서양의 기술을 배워야 하며, 그들의 기계를 구매해 모방하면서 나중에 중국식으로 제작을 해내야 한다는 논리를 펼쳤다. 결국 서양을 배워서 서양을 이겨야 한다는 것이었다.

그러나 1870년대에 중국에는 서양의 무차별적인 침략으로 인해 서양의 것이라면 선진 과학과 기술을 포함하여 모두 받아들이기를 거부하는 사회적 분위기가 팽배해 있었다. 완고한 인사들은 서양 학문이 '중국 사회와 인심〔世道人心〕'을 해치므로 이를 배우는 것은 수치라며 정관잉을 격렬하게 비난했다. 사실 서학에 대한 사회적 정서를 무시하기는 어려웠다. 왜냐하면 서방 열강은 중국에 '통상과 선교' 두 가지를 요구하여 끊임없이 마찰을 불러일으켰기 때문이다. 문제가 발생하면 외국인들은 언어와 법률이 다르다는 이유로 줄곧 힘을 앞세워 자신들에게 유리하게 일을 처리해온 터였다. 예컨대 서양 선박이 실수로 중국 선박을 들이받아놓고도 중국 선박의 조명이 밝지 않았기 때문이라고 억지 주장을 펼치거나, 자신들의 차로 중국인을 치고도 오히려 질서를 지키지 않은 중국인 행인이 잘못했다고 강변하는 식이었다. 또 서양인들은 중국인 노동자를 고용해놓고도 약속한 임금을 주지 않거나 가혹한 일을 강요함으로써 노동자가 부상을 입어도 방치한 채 돌보지 않았다. 중국 당국이 원만한 처리를 위해 조정에 나섰지만 서양인들은 오히려 중국 관리들을 우롱하고 배상을 거부하는 등 안하무인격으로 행동하고 있었다. 무역에서의 불평등은 더욱 심각했다. 서양 열강들은 자신들이 수입한 중국 제품에는 품목별로 세금을 매겨서 수입세를 무겁게 했다. 반면 중국이 수입한 서양 상품에 대해서는 형식적으로 가벼운 세금만 냈다. 따라서 서학을 배우자는 주장은 자칫 민족 정서를 자극할 위험이 있었다. 그러나 정관잉은 양자가 공평하고 동등한 자격을 갖추어야만 국가의 주권도 존재하는 것이라고 생각했다. 구태의연한 전통에 얽매여서는 새로운 상황에 대처할 수 없으므로 반드시 변해야 하고, 이를 위해 서양의 선진 기술을 배워 부강해져야 한다고 보았다. 그는 "남보다 못한 것이 진짜 수치스러운 것이며, 단지 기술을 배워 부강을 이룰 수 있다면 해가 될 것이 없다"며 일부 인사들의 논조를 반박했다. "중국인들이 서양인들을 우대하는 만큼 서양인들로 하여금 중국인들을 우대하게 하려면 우선 부강해져야 하고", 이를 위해 더욱 "서학을 배우는 것"이 필요하다고 강조했다.

중·외 사이의 불평등 문제를 해결하기 위해 국제적으로 통용되던 만국 공법公法이 중요한 대안으로 떠올랐다. 정관잉 역시 공법은 "모든 나라가 지역적 차이에 관계없이 정치, 경제, 문화, 교육 등의 방면에서 자국의 권리를 보장하고 타인이 함부로 침해할 수 없게 하기로 약속한 사항"인 만큼 중국에서도 마땅히 적용되어야 한다고 생각했다. 특히 국민생활에 직접적인 관계가 있을 때는 관리들이 관직을 걸고서라도 불리한 조약 내용에 구애받지 말고 공법을 적용해야만 교활한 서양인들도 어찌할 수 없을 것이라고 했다. 그러나 10여 년의 현실적인 체험은 이 공법을 적용하기 위해서라도 우선 강력한 세勢가 있어야 한다는 것을 깨닫게 했다. "세가 강해야만 논리(理)도 힘을 펼 수 있다. 세가 약하면 논리도 힘을 잃는다. 세는 힘(力)이 있어야 하고 그래야만 논리나 공법을 논할 수 있다." 그렇다면 세는 어떻게 강해질 수 있는 가. 결국 부강만이 유일한 방법이었고, 따라서 그는《역언》에서 이에 대한 구체적 실천 방법을 제시했던 것이다.

외국인들이 통상 이외에 중국에서 이루고자 한 또 다른 목적은 선교였다. 정관잉은 선교에 대해서는 매우 강경한 입장을 보였다. "통상은 중국 땅을 침범하여 이권을 빼앗는 것이지만 선교는 중국인들의 마음을 빼앗는 것이므로 통상보다 폐해가 훨씬 심하다"며, 선교 문제는 중국의 풍속과 깊은 관계가 있으니 반드시 중국의 법률로 처리해야 한다는 견해를 피력했다.

그러나 산업 분야에서는 매우 진일보한 의견을 개진했다. 우선 원료 확보를 위해 광산 개발을 중시했고, 조선, 철로 건설 등의 운송 부문의 효율성을 강조했다. 그리고 사업 운영 방식에 있어서는 관이 주도하던 과거의 형식[官辦]에서 벗어나 민간이 스스로 광산을 개발하거나[民采], 조선, 철로 건설 등 중요 산업은 민간 자본을 모아 상인들이 운영[招商承辦]하는 것이 중요하다고 강조했다. 관이 감독하고 상인들이 운영하는 기존의 형식[官督商辦]은 오히려 지나친 간섭 탓에 성공적인 운영을 가로막는 경우가 많았기 때문이다. 운영 방식의 이러한 획기적인 변화 이외에 그는 세제상의 혜택도 강조했다. 외국 상품들이 자구세만 내고 신속하게 통관되는 것에 비해 중국 상품들은 매 지역에서 이금을 내야 하는데다 세율 또한 높아 시장에서 경쟁력을 갖추기가 어려운 게 현실이었다. 그래서 그는 민족 산업의 경쟁력 제고를 위해 '이금 철폐와 관세 조정'을 주장했다. 중국에서 생산되는 것에 대해서는 세금을 낮추어 판로를 넓혀주고 수입하는 물품에 대해서는 세금을 높여 수입 양을 조절하는 관세 정책으로 "이권을 지키고 상인들을 보호"해야 한다는 것이었다. 또한 이를 위해 정치 제도에서도 상응하는 개혁이 필요하다고 주장했는데, 당시로서는 매우 선진적인 의견이었다.

정관잉이 상인으로서 국가의 부강을 위해 선진 과학 기술을 도입하고 근대 상공업을 발전시키고 상인에 의해 운영 방식을 채택할 것 등을 주장하는 것 이외에 정치 제도의 개혁을 인식했다는 점은 더욱 주목해야 할 부분이다. 그는 이미 입헌 군주에 의한 의회 제도에 주목하고, 이를 도입하여 개인의 독재와 전제주의 제도를 개혁해야 한다고 생각하고 있었던 것이다. 그는 서양의 의회 제도가 중국 고대 삼대 때 실시했던 것과 유사하다고 했는데,[36] 이는 아마도 당시 일부 인사들이 정치 개혁을 주장했다가 사회의 지탄을 받은 것을 염두에 두고 한 말이었던 것 같다. 의회 제도는 당시의 중국 정치 상황에서는 받아들이기 힘든 것이었다. 그러나 삼대 정치에 빗대어 입헌 군주 제도를 주장한 것은 동시대의 다른 지식인들보다도 훨씬 앞선 안목이었다. 1870년대 말에 쉬에푸청薛福成이 개혁을 위해 법을 바꾸자는 '변법變法'을 이야기했지만 아직 의회 제도까지는 언급하지 못한 상태였고,[37] 개혁 사상가 왕따오王韜 역시 입헌 군주제의 우월성을 인정하면서도 중국에서의 실행에 대해서는 명확한 언급을 피하던 분위기였다.[38] 정관잉은《역언》에서 정치 개혁을 다룬 〈의정론論議政〉을 상공업 발전에 관한 글 다음에 배치함으로써 정치 개혁이 국가 부강에 중요한 부분임을 천명했다. 이는 경제적 개혁과 건설은 민주 정치의 운영 하에서 가능하다는 것을 보여준 것이다.

4. 국가 개혁에 참여하다

(1) 신식 기업에 참여

1880년, 사회 개혁에 관한 사상을 정리한 정관잉의 책《역언》의 출판은 그의 일생에서 중대한 전기를 마련했다. 서방의 경제 침략에 대한 그의 선견지명과 대응책은 당시 양무운동을 이끌고 있던 즈리直隸 총독 리홍장의 관심을 끌었다. 현장에서 외국인을 직접 접하며 풍부한 경험을 쌓아 경험과 이론을 겸비한 실무자를 필요로 했던 리홍장은 이 지역에서 자연 재해가 발생했을 때 정관잉이 성금을 많이 내 도와주자, 1881년 상소를 올려 그의 선행을 표창케 함으로써 그를 중용하기 위한 준비 작업을 시작했다. 정관잉은 과거를 통과하지 못해 관직에 오르지 못했기 때문에 이 소식은 그에게 커다란 자극이 되었다. 1881년 5월 리훙장이 양무운동의 결실인 양무 기업에 참여해달라고 제의하자 정관잉은 상하이 기기직포국 부책임자인 회판會辦에 이어 상하이 전보분국電報分局의 총책임자인 총판總辦까지 함께 맡게 되었다. 비록 겸직이기는 했지만 외국 회사의 매판으로 일하면서 양무 기업의 요직을 맡는다는 것은 극히 드문 일이었다.

정관잉은 기기직포국에서 부지 매입부터 건축, 기계 구입, 직원 채용, 생산에까지 직접 참여했다. 특히 심혈을 기울인 부분은 생산의 중요한 요소인 기술자 고용과 재료에 관한 것이었다. 그는 저렴하고 품질 좋은 면직물을 확보하는 것이 서양 제품과 경쟁할 수 있는 열쇠라고 생각했다. 그래서 그는 미국에 유학하고 있던 룽훙容閎에게 정교한 기술을 가진 사람을 추천해달라고 부탁하고 미국 면화 종자를 심어보려 했다. 중국 면화는 실이 짧고 거칠어 생산해도 제품이 거칠고 투박했기 때문이었다. 비록 이 실험은 성공하지 못했지만, 원료의 개량과 경제 작물에 대한 이때의 귀중한 경험은 훗날 면화를 상품화하는 데 밑거름이 되었다.

정관잉이 전보국에 머물렀던 시간은 길지 않았지만 그는 이곳에서 건설적인 일들을 많이 추진했다. 이곳의 업무를 통해 그는 통신 사업의 중요성을 깨달았다. 서양인들이 개항 항구에서 통신을 장악한 탓에 중국 상인들은 정보 수집과 상호 연락에서 어려움을 겪고 있었다. 정관잉은 이러한 어려움을 해결하려 노력했다. "외국인들은 상하이에서 외국까지 수만 리에 이르는 운송로를 장악하고 있지만 중국 상인들은 내지에서 상하이에 이르는 수백 리까지도 소식이 느려 어려움을 겪고 있다"며 톈진과 상하이를 잇는 진후전선津滬電線을 설치하고 창장과 연해를 잇는 작업에 착수했다. 그러나 막대한 자본이 투입되는 이 사업은 지역간의 세력 싸움과 이해관계가 복잡하게 얽혀 있었다. 서양의 선진 기술에 깊은 관심을 보여왔던 양장兩江 총독 쭈어종탕左宗棠은 이 일을 자신의 세력 기반인 상계湘系(후난성湖南省)가 아닌 회계淮系(안훼이安徽, 장쑤성江蘇省)가 독점하는 것을 못마땅하게 여겨 사업을 미루려 했다. 광둥 출신으로 어느 쪽 계파에도 속하지 않았던 정관잉은 쭈어종탕을 설득하여 일을 추진했다. 전선 설치 등의 사업은 투자비가 너무 많이 들고 모두 서양 기술자를 불러서 해야 했는데, 완성된 후에도 비싼 전보 사용료로 인해 이용률이 그다지 높지 않았다. 그래서 정관잉은 중국인 초급 기술자를 양성하기 위해 통신 전문 학교를 세운 후, 각 전보국의 학생들을 모아 훈련시키게 했다. 그런 훈련을 거친 다음에 외국에 가서 1~2년 배우고 돌아오면 스스로 기계를 만들어 설치할 수 있고 결국 사용료를 크게 줄일 수 있다고 보았다. 일단 선진 기술을 접하면 이를 교육을 통해 근본적인 해결을 하려는 것이 그의 일관된 해결 방식이었다.

이러한 실험 정신과 추진력은 호평을 얻었다. 리훙장은 정관잉에게 다시, 당시 가장 중요한 기업이던 윤선초상국의 책임을 맡기려 했다. 서양 세력이 중국 내지까지 진출하면서 무엇보다 물품 수송을 담당하는 해운업이 폭발적으로 성장했지만 이익은 모두 근대식 선박을 소유한 외국 해운 회사의 몫이었다. 중국은 이들과 경쟁하기 위해 최초로 중국 자본을 투자하여 신식 기업인 초상국을 설립했고, 탕징싱, 쉬룬 등 매판 상인들에게 운영을 맡겨 상당한 성과를 거두고 있었다. 초상국은 1877년부터 자딘·메디슨사, 버터필드사 등과 가격에 관한 협정을 맺어 뚜렷한 성장을 보였으나 외국 양행들간에 화물 수주 경쟁이 치열해지면서 위기를 맞게 되었다. 총책임을 맡아 초기의 기초를 닦았던 탕징싱이 카이펑 탄광 개발에 전력을 쏟게 되면서 쉬룬 혼자 초상국을 감당하게 되었는데 이는 너무 벅찬 일이었다. 치열한 경쟁으로 신주를 발행하여 자본 규모를 늘려야 하는 상황이었으므로, 자본가들과의 교류의 폭이 넓고 높은 신망을 받던 정관잉이 이러한 상황을 안정시키기 위한 최적의 인물로 꼽혔다. 당시 중국에서는 주식을 통한 기업 자본 마련이라는 자본주의 방식이 익숙하지 않아 자본을 모을 때는 투자자와 기업가들간의 개인적인 인간 관계가 대단히 중요했다. 정관잉은 버터필드사에서 이미 여러 차례 신주 발행을 통해 자본을 증식시킨 경험을 가지고 있었다. 그러나 그 일을 맡으려면 다니던 직장을 그만둬야 했으므로 정관잉으로서는 쉽게 수락할 수 있는 일이 아니었다. 버터필드사도 유능한 그를 놓치지 않기 위해 여러 가지 좋은 조건을 제시했다. 그러나 그에게는 무엇보다 초상국에서 자신의 능력을 발휘할 수 있을지가 관건이었다. 버터필드사는 상선 회사로 경영 방식에 있어 완전히 근대 자본주의 기업 형태를 갖추고 있기 때문에 그곳에서는 계약 범위 안에서 얼마든지 자신의 역량을 발휘할 수 있었다. 그러나 관독 상판의 초상국에서는 인사, 자금 모집, 운영 방법에 이르기까지 정부에서 파견된 관리의 감독과 간섭을 배제하기가 쉽지 않았다. 실패할 경우 여론의 질타를 피하기 어려웠고, 또 상황을 개선시켜 수익을 올린다 해도 이익 분배에 따른 알력을 쉽게 예상할 수 있었다. 하지만 해운업의 발전이 장래 중국의 산업 발전의 중요한 관건임은 분명했다. 그리하여 정관잉은 "초상국이 지금 제자리를 찾지 못하면 영원히 자립하기 어렵게 되어 개항 항구에서 외국인의 침탈은 더욱 심해질 것"이라는 인식 하에, 1882년 2월 버터필드사와의 계약이 만료되자 고소득이 보장된 재계약을 포기하고 월급 200냥의 초상국 방판으로 취임했다. 이로써 정관잉은 자신이 주장해온 중국 부강이라는 포부를 펼칠 수 있는 기회를 맞이했다. 이런 파격적인 인사로 정관잉의 부담 또한 적지 않았지만 그만큼 초상국에서 그의 역할은 중요했다.

(2) 초상국에서의 활약

초상국이란 이름에서 보여주듯이 국가에서 상인들을 초빙招聘하여 관리들의 감독하에 국가의 기관局이 되어 상업 활동을 하는 회사를 말한다. 이렇게 최초의 중국 신식 기업으로 출발한 초상국은 각 해운사간의 과다한 가격 경쟁으로 위기를 맞고 있었다. 1879~1880년에 140냥이던 선박 운송

요금이 1881년에는 30냥으로 떨어져 선박 회사들의 존립에 직접적인 영향을 미치고 있었다. 정관잉은 취임 초, 우선 초상국의 내부 개혁을 위해 〈구폐대강救弊大綱〉 16항을 추진하여 인사, 효율, 상벌에 관한 분명한 규정을 천명했다.

첫 번째는 인사에 관한 것으로, "사람을 잘 등용하면 흥하고, 그렇지 못하면 실패한다. 흥하기 위해서는 오직 사람을 잘 쓰는 수밖에 없다"는 자신의 평소 신념을 반영했다. 초상국에서는 중요 자리에 고위층의 인척들이 많았고 또 일반적으로 한 사람이 한 자리에 오래 머물러 있어야 업무에 익숙해진다는 사고가 팽배해 있었는데 이것이 바로 부패와 태만의 근원이 되었다. 정관잉은 정기적으로 인사 이동을 단행하고 사심 없이 여러 사람들의 추천을 받아 인재를 등용했다.

두 번째는 비용을 줄이고 선박 회전을 늘여 이익을 증가시키자는 것이었다. 선박 한 척이 석탄 소비를 매일 1톤씩만 줄여도 30여 척의 선박이 1년에 5,400톤의 석탄을 줄일 수 있었다. 톤당 4냥이면 모두 2만 1,000냥을 절약할 수 있다는 계산이었다. 그 대신 부두에 정박해 있는 시간을 줄여서 선박들이 빨리빨리 움직이게 했다. 그는 선박이 오래 정박하는 것은 충분한 화물을 확보하지 못했기 때문이라고 생각했고, 따라서 만약 운송할 화물만 미리 확보된다면 오래 정박하거나 연착할 이유가 없었다. 결국 화물이 자금 회전을 늦추고 이익 감소로 이어지게 하는 원인이었다. 정관잉은 자신의 인맥을 총동원하여 각지에서 화물을 유치하는 작업을 장려하고 이에 대해 메리트를 제공함으로써 선박 운행 시간을 조정하고 자금 회전을 최대한 빨리 처리했다.

그러나 초상국이 직면한 가장 어려운 문제는 무엇보다 다른 외국 회사들과의 운임 경쟁이었다. 정관잉은 가격 경쟁에 불을 붙이는 공격적인 전략보다는 회사간의 타협을 통해 일정한 가격을 지속적으로 유지하는 방법을 택했다. 그는 자딘·메디슨사의 매판 출신인 탕징싱과 함께 자딘·메디슨사, 버터필드사와 교섭하여 향후 6년간 과도한 운송비 경쟁을 줄이자는 협정을 체결했다. 내용은 "창장 유역, 톈진, 연해 등지에서 각 회사간에 일정한 운송량 쿼터를 정하고, 화물 중량과 거리, 선박 속도에 따라 가격을 정하며, 서로가 가격 경쟁을 벌이지 않는다"는 것이었고 초상국은 다른 양행보다 많은 쿼터를 보장받았다. 이로 인해 초상국의 주가가 폭등하여 초상국은 심각했던 유동성 위기에서 탈출할 수 있었고, 이를 지켜본 리훙장은 1883년 11월 정관잉을 총책임자인 총판으로 추대했다.

초상국이 점차 궤도에 올라섰을 무렵, 프랑스가 베트남을 침범하여 중국과 전쟁을 벌였다. 그러나 중국이 패했고, 1884년 5월 리훙장은 굴욕적인 중불간명 조약中法簡明條約을 맺었다. 중국 정부는 난양南洋을 공고히 할 필요를 절감했고, 초상국의 남양 사업을 위해 시찰을 다녀온 적이 있는 정관잉에게 사이공, 싱가포르 등지에 가서 현지 사정을 파악하고 현지 인사들과 프랑스의 침략에 대비할 대책을 세우라고 했다. 그는 6월에 출발하여 2개월 동안 "일이 너무 많아 하루도 쉴 틈 없이" 강행군을 하며 대책을 강구했다. 우선 남양에서 중국으로 들어오는 관문인 징저우瑓州(현재의 하이난 섬海南島)에 강력한 방어선을 구축할 필요가 있었다. 이를 위해서는 정부가 굳이 많은 군사비를 투자할 것 없이 징저우의 풍부한 삼림 자원을 이용하는 방법이 효율적이었다. 상인들을 불러 삼림을 개간하고 현지 백성들의 경제·문화 생활을 개선시키는 것이 급선무였다. 병사와 농부를 일치화시켜 농번기에는 농사짓고 농한기에는 군사 훈련을 받게 한 뒤, 전쟁이 나면 동원하여 국방비를 최소화하는 병농일치兵農一致는 중국의 오랜 전통이었는데, 농민뿐 아니라 현지의 지식인, 상공업자들에게까지 이 일치 관계를 확대하여 엄격한 군사 훈련과 정치 교육을 통해 외세에 대항하자는 것이 정관잉의 생각이었다. 백성들의 높은 국가 의식이 맹목적인 군사비 투자보다 효율적이기 때문이었다. 결국 정관잉은 《역언》에서 주장한 대로 백성들이 자주적으로 자신의 지역을 지켜야 한다는 것을 다시 한번 깨우쳤다. 이러한 생각은 남양뿐 아니라 연해와 북방 등 모든 변방에 대해서도 마찬가지였다. "러시아와 일본이 동산성東三省을, 영국과 프랑스가 윈난雲南과 티벳을 노리고 있는 차"에 정규군만으로 그들에게 대항한다는 건 턱없는 일이었다. 그러므로 현지 백성들의 높은 투지와 지세에 밝은 점 등 유리한 조건을 충분히 활용할 필요가 있었다.

낙후된 군사 시설의 개선과 인재 양성도 급선무였다. 군대, 인재, 무기를 고루 갖추기 위해 연해 한 곳에 해군 학교水軍學堂를, 각 성에 육군 학교陸軍學堂를 세우고 노련한 외국 군인을 초빙해 인재를 양성해야 했다. 기기제조국에서는 외국어를 아는 젊은이들을 모아 과목별로 선진 기술을 배우게 하면 당장 군사력에 도움이 될 뿐만 아니라 장래에 도로, 광산 건설 등 산업 발전에도 도움이 될 것이었다.

정관잉의 이러한 적극적인 태도는 조정 대신들의 주목을 받았다. 1884년 프랑스가 타이완을 공격하자 그는 또다시 타이완을 돕는 일에 파견되었다. 그의 임무는 외국 상인들과의 우호적인 관계를 이용해 홍콩에 가서 선박을 빌린 다음 군대와 식량을 타이완으로 안전하고 효과적으로 운송함으로써 프랑스와의 전쟁을 돕는 것이었다. 그러나 1885년 초 그가 홍콩에 도착했을 때 예상치 못한 일이 발생했다. 그가 과거에 몸담았던 버터필드 해운 회사가 그를 고발해 구금한 것이다. 정관잉은 1881년 버터필드사를 떠나 초상국으로 가면서 동향인인 양페이시엔楊桂軒을 후임으로 추천하고 다른 두 사람과 같이 보증을 섰었다. 양페이시엔은 자신의 수입 중 20퍼센트를 정관잉에게 주겠다고 약속했지만 이를 지키지 않았을 뿐만 아니라 회사 공금을 빼내 개인 사업에 쓰고 자신의 집까지 지었다. 그러다가 사업이 실패하고 엄청난 손해를 입자 도망쳐버린 것이었다. 이런 경우 보증인이 대신 배상을 해야 하는데, 보증인들이 이미 일정액을 배상하고도 약 4만 원이 남아 있었다. 회사는 수차례 정관잉에게 배상을 요구했지만 타이완 일로 동분서주하던 그는 여력이 없었고, 그가 마침 홍콩을 경유하게 되자 버터필드사는 고발하여 그를 구금해버린 것이었다. 이 사건에는 평소 정관잉에게 불만을 가졌던 사람들이 많이 개입되었다. 정관 잉은 매판으로 근무하면서 군수 물자나 선박의 매매를 많이 취급했는데 정상적인 거래 이외의 방법을 꺼려했다. 자연히 주위의 많은 사람들이 개인적으로 이익을 얻을 기회를 잃었고, 이들은 정관잉에게 앙갚음할 기회를 호시탐탐 노리다가 마침 정관잉이 홍콩에 오자 회사를 부추겨 그를 밀고한 것이었다. 정관잉은 양페이시엔이 입은 손해 중 상당 부분이 회사의 대리점을 운영하다가 입은 손해이므로 전액 배상 요구는 부당하다고 주장했으나 결국 5,000냥을 배상하라는 판결이 나왔다. 1년 여의 구금 끝에 풀려나기는 했지만 그의 고생은 이루 말할 수가 없었다. 어려움은 이에 그치지 않았다. 그가 구금에서 풀려나자 상하이 기기직포국 문제가 그의 발목을 잡았다. 당시 직포국에서 증자를 할 때 발행한 주식 50만 냥 중 실제 들어온 액수는 35만 8,000냥이었다. 그는 나머지 14만 2,000냥의 주식을 담보로 하여 증자를 단행해 공장을 확충했다. 그러나 1883년 국제 시장에 경제 위기가 발생하자 상하이도 직접적인 영향을 받았다. 그래서 상하이에 있던 78곳의 전장錢庄(구식 금융 기관) 중 68곳이 도산하거나 휴업했고 주식은 폭락했다. 210냥 하던 카이핑 탄광의 주식이 1년 만에 70냥으로 떨어졌고, 정관잉이 담보로 잡았던 주식도 가치가 3분의 1로 폭락했다. 회사는 주식을 담보로 잡고 많은 금액을 지출했기 때문에 주식값이 폭락하자 바로 유동성 위기에 몰렸고 돌아오는 어음을 막지 못하게 되었다. 그러자 정관잉의 후임자가 정관잉을 고발했다. 그는 백방으로 노력했지만 경제 상황이 좋지 않을 때를 미리 대비하지 못한 자신의 실수를 인정할 수밖에 없었고, 부족분을 채워 넣는 것으로 일을 마무리했다.

홍콩에서의 구금과 증자에 얽힌 일은 모두 외적으로는 서양 제국주의의 침략에 의해, 내적으로는 주변 사람들의 질시에 의해 벌어진 사건이었다. 정관잉은 경제적으로 막대한 손해를 입었고 심신 또한 크게 타격을 입었다. "국가를 위해 충성을 다했지만", "진퇴유곡으로 어디에도 말할 곳이 없는" 답답한 상황에서 그는 큰 병을 얻어 아오먼澳門에서 은거 생활에 들어갔다.

5. 《성세위언》과 상업 전쟁

정관잉의 아오먼 생활은 어려움의 연속이었다. 경제적 곤궁과 심신을 지치게 하는 병마로 인해 그는 그저 도가 수련에 몰두할 수밖에 없었다. 그러나 서방 제국주의자들은 식민지 침탈에 대한 야욕을 더욱 구체화하고 있었고 청 정부의 부패와 무능 역시 심화되어 지식인들의 위기감이 한층 고조되고 있었다. 정관잉은 심신을 가다듬으면서, 버터필드 사와 양무 관료들로부터 부당한 일을 당한 경험, 전반적인 사회 제도 개혁, 그리고 《역언》의 부족한 점을 아우르는 내용으로 새로운 책의 집필에 들어갔고, 1894년에 《성세위언》 다섯 권을 출판했다.[39]

그가 성쉔화이盛宣懷의 요청으로 1892년 겨울 다시 초상국에 들어간 지 2년 후에《성세위언》이 출판된 것이다. 이 책에서는 '부강구국'이라는 그의 중심 사상이 중국 전통 사상에서 출발해 시대적 역사 인식을 거쳐《역언》에서보다 훨씬 풍부하고 명확하고 구체적이고 강렬하게 표현되었다. 우선 그는 중국 역사를 세 번에 걸친 커다란 변화의 과정으로 풀이했다. 첫 번째는 봉건 시기로 고대부터 주周 말까지이고, 두 번째는 중앙 집권 시기로 진부터 1842년 조약 제도 시기까지 그 이후는 국제화의 화이연속華夷聯屬 시대이다. 전 과정 중에서 세 번째인 조약 제도 시기가 가장 큰 변화였는데, 이는 이제까지 중국이 맞닥뜨려왔던 전통적인 주변 소수 민족의 오랑캐들과는 달리 서양인들은 중국 문화에 직접 도전한 최초의 상대였기 때문이라고 해석했다. 서양인들이 중국에 가져온 충격은 범위나 강도 면에서 이전의 오랑캐들보다 엄청나게 강렬했지만 그렇다고 반자연적인 것은 아니었다. 그의 관심사는 전환 자체보다는 전환의 방향이었다. 그는 이 전환이 자연스러운 것이며 피할 수 없는 역사의 과정이라고 보았다. 서양 사람들이 중국에 오는 것은 자연스러운 일이자 돌이킬 수 없는 일로, 이에 대해 현명하게 대응하는 것이 관건이었다. 서양의 부강은 문화에 바탕을 둔 것이고, 이 문화는 수세기 동안 누적된 결과이며, 문화에 감정적으로 분별 없이 대응한다면 효과도 없고 바람직하지도 않다는 게 그의 생각이었다.

그는 우선 중국의 전통에서부터 개혁의 실마리를 풀려고

했다. 서양의 학문이 우수하지만 그것은 중국에 이미 존재했던 것이고 다만 역사 발전 과정에서 차이로 인해 다른 결과를 내는 것이었다. 그러니 이제라도 과감히 서양의 학문을 도입해 서양을 추격해야 한다. 그래서 그는 총론이라고 할 수 있는 〈도기론道器論〉에서 중·서 학문의 결합을 강조했다. 즉, 도와 기, 음과 양, 허와 실, 본과 말, 주와 보 등의 개념을 들어 중국학과 서학은 상호 보완 관계에 있으며 중국의 부강과 태평을 이루는 데 서학이 꼭 필요한 것임을 강조했다.

따라서 그는 구체적인 개혁 방안을 제안하고 제도의 개혁을 역설했다. 특히 정치 제도 개혁의 일환으로 의회 제도의 도입을 강하게 주장했다. 그는 두 곳의 영국 회사에서 15년간 일하면서 영국의 정치 현실을 목도하고 대단히 부러워했다. 의회 제도의 실행이 통치자와 피통치자 모두에게 중요하다는 것을 인식했기 때문이다. 1890년 탕전湯震이 이와 비슷한 건의를 할 때까지 그는 적어도 근대 개혁가 가운데 처음으로 의회 제도의 창설을 주장한 사람이었다.

중국 정부는 아편 전쟁 이후 수차례 치른 서방 열강들과의 전쟁을 통해 무엇보다도 국방과 군사 시설의 근대화가 중요하다는 것을 인식했다. 그래서 양무운동 역시 군수 시설의 확충에 중점을 두고 있었다. 이 점에 있어 정관잉은 우선 방어의 중요성을 강조했다. 그리고 효율적인 방어를 위해서는 강병強兵이 필요하고 정치, 사회, 교육 제도와 경제 발전 등의 요소가 함께 고려되어야 한다고 했다. 그래야만 "싸우지 않고 전쟁을 방지하는 것(不戰而息戰)"이 가능하기 때문이었다. 강병은 '사람'과 '군비器'의 문제로 집약되는데, 사람의 문제인 인재 양성은 교육과, 군비의 발전은 상공업과 직접적인 관계가 있었다. 결국 상공업이 발전해야 부를 축적할 수 있고 군대도 신식 무기를 구비할 수 있으며 시장에서 외국의 상품들과 경쟁할 수 있었다. 따라서 진정으로 부강해지기 위해서는 반드시 경제적으로 제국주의와 경쟁할 수 있어야 했다.

제국주의와의 경쟁에 있어서는 대외 정책에서 신중하게 최대한의 이익을 얻어 중국의 산업을 촉진시키는 것이 관건이었다. 중국 제품이 서양 제품과 대등하게 경쟁한다면 외국 상인들은 자연히 손해를 감수하지 못하고 철수할 것이기 때문이었다. 중국이 부유해지면 강해질 것이고, 따라서 중국이 대외 관계에서 주도권을 행사할 수 있어 외국도 전쟁을 피하려고 노력할 것이다. 중국이 스스로 강해지지 못하면 외부의 침입을 피할 수 없기 때문이다.

정관잉은 기업을 운영해본 경영의 경험자로서 무엇보다 경제 개혁 방안에 중점을 두었다. 그는 매판으로서 서양 사회에서의 상공업의 역동적인 힘을 충분히 느끼고 있었다. 정관잉은 상공업이 경쟁력을 가져야 한다고 주장한 중국 최초의 지식인으로서 경제와 국가의 힘을 상호 연계하여 국부의 중요성을 강조했다. 따라서 이렇게 형성된 부를 바탕으로 외국 상품과 경쟁하는 것이 '상업 전쟁商戰'이며, 이것을 익히는 것이 군사력에 의한 전쟁인 병전兵戰보다 더 중요하다고 보았던 것이다.

상업 전쟁이란 자국의 경제력을 바탕으로 시장에서 외국 자본주의와 대등하게 경쟁하는 것을 말한다. 상업 전쟁에서 이기려면 법률, 세수 등 평등한 조건에서 자본이 비교적 적게 드는 상품을 생산해내는 것이 중요했다. 일본은 초기에 서방 열강의 침략으로 고생했지만 "법을 개정하고 서양의 제조업을 열심히 배워 상업에 새로운 활력을 얻음으로써" 부강해질 수 있었다. 즉 시장에서 승리하려면 법의 정비와 강력한 제조업이 뒷받침되어야 하고, 제조업의 생명은 값싸고 질 좋은 제품을 생산해내는 데 달렸다는 것이다. 정관잉은 1900년에 나온 《성세위언》 증보판에서 "서양인들의 부는 상업보다 제조업에서 탄생했다"고 서술함으로써 이 사상에 좀 더 근원적으로 접근했다. 정교한 기술로 생산된 좋은 물건이 없으면 아무리 상업이 발전해도 한계가 있을 수밖에 없기 때문이다.

이러한 제조업의 발전을 위해 정관잉은 교육의 중요성을 강조하며 기술·직업 학교의 설립을 주장했다. 또 정부에게, 불합리한 제도인 이금 징수 제도의 철폐와 세금 제도의 개혁을 요구하고 수출 증가와 수입 감소를 정책적으로 유도할 것을 주장했다.

그는 당시 세계가 이미 하나의 상업과 무역 경쟁의 세계라는 것을 인식하고 있었으며 또 중국에서 가장 먼저 상업 민족주의를 제창한 개혁가 중의 한 사람이었다. 그는 또 중국에서 가장 먼저 상업 민족주의를 제창한 개혁가 중의 한 사람이었다. 그가 상공업을 강조하며 내놓은 개혁 방안은 당시의 다른 개혁가들——펑꿰이펀, 꿔충따오, 왕따오——의 것과는 분명히 달랐다. 이것은 그가 매판 출신으로, 기업을 직접 운영해본 데 따른 현실적 인식을 가지고 있었기 때문에 가능한 일이었다.

그는 또 세계 역사, 특히 서양 사회를 경제적인 면에서 해석한 유일한 지식인이었다. 그는 근대 서양 사회에서 기업가들이 국가 경쟁력 발전에 커다란 역할을 한 것에 주목했고, 중국에서도 상인(기업가)들의 기능과 영향력의 범위가 그들의 선배인 전통 상인들보다 훨씬 중요한 만큼 그들이 당연히 더 높은 사회적 지위를 얻어야 하며, 그들에게 신사와 동등하게 관직에 오를 기회가 주어져야 한다고 주장했다. 이러한 관점에서 관료제, 특히 상인들의 기업가 정신을 억압하는 관독 상판 제도에 대해서 비판적 입장을 견지했다. 관독 상판이란 초상국에서 볼 수 있듯 국가에서 회사를 세우고 능력 있는 상인들을 초빙하여 운영을 맡기되 관리들이 운영의 감독권을 행사하는 형식을 말한다.

중·서간의 상업적 성장과 더불어 또 하나 주의해야 할 것은 선교로 인한 부작용이었다. 기독교가 전파되면서 나날이 늘어가는 기독교와 관련된 사건, 즉 교안敎案은 또 하나의 중대한 현안이었다. 이로 인해 엄청난 피해가 발생하고 편견과 오해가 쌓여만 갔다. 따라서 선교에 대한 인식의 변화가 무엇보다 절실한 시점이었다. 정관잉은 먼저 선교사들의 중국 문화에 대한 이해를 촉구하고, 교파간의 무분별한 세 불리기가 일부 중국인 범법자들에게 이용되고 있음을 상기시켜 선교사들에게 철저하게 교회법에 의거해 행동해줄 것을 부탁했다. 한편 중국 관리들에게는 교안 자체를 무조건 두려워해서 책임을 회피하고 시간을 끌어 불만을 증폭시킬 것이 아니라 신속하고 공정하고 합리적인 판결을 하라고 강조했다. 많은 선교사와 중국 지식인들이 상대방 교리를 둘러싼 소모적인 논쟁을 벌이고 있을 때, 정관잉은 과감하게 중국 성현의 말씀이나 기독교 교리가 추구하는 바가 모두 인간의 올바른 삶이라고 갈파하고 당시로서는 파격적인 시각으로 교안에 대한 해결책을 문화적 시각에서 찾아보려 했다.

시국에 대한 폭넓고 개방적인 그의 견해는 빠르게 독자들의 호응을 얻어갔다. 1894년 7월, 갑오 전쟁이 발발하고 중국이 일본에 패하자 정관잉 역시 한층 긴박한 심정으로 새로운《성세위언》증보판을 내며 변화하는 시국에 대처 방안을 제시했다. 양무 관료인 장즈뚱張之洞은 "시무를 논한 책들이 많지만 이 책만큼 거시적이고 상세한 책은 없었다"고 극찬했고, 예부상서禮部尚書 손자나이孫家鼐와 안휘 순무安徽巡撫 덩화시鄧華熙는 "중·서 간의 이해득실을 꾸밈없이 서술했는데 이 책에서 주장하는 것은 모두 실시해볼 만하다"며 광서 황제에게 적극 추천했으며, 황제 역시 깊은 감명을 느껴, 총리아문總理衙門에 명해 2,000부를 인쇄하여 대신들에게 읽을 것을 명했다. 당시 외국인들이 발행하던 신문들은 중국인들이 이 책을 중요한 지침서로 여기고 있으며, 이

책의 내용이 수시로 과거 시험 문제로도 출제된다며 그 반응에 깊은 관심을 표했다.

1900년 8월, 산둥의 작은 마을에서 역시 선교 문제로 충돌이 일었다. 이렇게 현지 관리, 농민, 선교사들이 얽힌 사건이 바로 의화단義和團 사건으로, 중국을 다시 한번 소용돌이 속에 몰아넣었다. 교회와의 마찰에서 서양 측의 무리한 요구에 성이 난 백성들은 농기구를 손에 들고 '양놈들을 몰아내고 청나라를 재건하자(滅洋復淸)'는 구호를 외치며 베이징까지 진출하여 연도에서 외국인들과 그들에 협조한 중국인들을 폭행하며 외국 공관을 공격했다. 베이징 주재 외국 공관들은 이를 핑계로 신속하게 여덟 나라가 8개국 연합군을 구성하고 군대를 파견하여 무차별적인 진압과 파괴를 시작했다. 당시 가장 큰 권력을 행사하던 서태후西太后는 광서 황제를 볼모로 잡고 멀리 쓰촨四川으로 도망을 쳤고 중국의 가장 유서 깊은 도시 베이징은 화염에 휩싸였다. 8개국 연합군은 자금성, 이화원, 원명원 등 황궁과 정원에 난입하여 진기한 궁물들을 닥치는 대로 강탈함으로써 역사에 커다란 오점을 남기게 되었다. 이후 중국과 8개국은 신축辛丑 조약을 맺고 중국이 이 사태에 들어간 서양 각국의 모든 전비를 배상한다는 또 한 번의 불평등 조약을 맺음으로써 사태는 일단락되었으나 백성들이 입은 상처는 이루 말할 수가 없었다. 이러한 사태를 목도한 정관잉은 새로운 수정판을 내놓았다. 엄청난 상처를 입고 변화에 목말라하고 있던 백성들에게 그의 현실적 인식과 정확한 대응책은 한여름의 소나기 같은 청량감을 안겨주었고, 그의 책은 모두 10만여 권이 넘게 팔리는 열풍을 일으켰다. 중국 근대 출판계에서 《성세위언》 열풍은 대단히 중요한 사건이었다. 그리고 1894년에 출간된 《성세위언》이 그의 손을 거친 마지막 판본이었다.

이후 그는 1902년까지 10여 년간 다시 초상국의 해운 업무를 관장하면서 중국 각지에서 전개되는 전신, 철로 등 근대화 사업에 깊숙이 참여하여 자신의 사상을 실천했다. 그는 밤낮을 가리지 않고 끝없는 열정으로 중국 기업의 근대화에 최선을 다했지만, 1902년 그의 정치적 배경인 성쉔화이가 위안스카이袁世凱와의 권력 싸움에서 밀려나자 결국 초상국을 떠나게 되었다. 정통 유생 출신의 관리가 아닌 상인이 정치적 파벌 싸움에서 능동적으로 입지를 확보하기에는 역부족이었던 것이다. 결국 이때까지의 10여 년간이 그의 인생의 황금기였다고 할 수 있다. 이 기간 동안 그가 보여준 열정과 성과는 동시대의 어떤 정통 관료의 것보다도 뛰어났고, 그의 새로운 개혁안 역시 어떤 개혁가의 것보다 구체적이고 현실적이었다.

정관잉의 사상은 이와 같이 중국 근대화에 거시적인 방향을 제시하고 최일선에서 직접 실천해 보였다는 점에서 중요한 의의가 있다. 21세기, 중국 경제가 다시 세계의 주목을 받으면서 학술계에서는 그의 사상을 재조명하려는 움직임이 활발하게 일고 있다. 2002년 7월 23~27일 아오먼에서는 정관잉 탄신 160주년 학술토론회鄭觀應誕辰160周年學術討論會를 개최하고 중국, 타이완, 유럽 등 각지에서 온 110여 명의 학자들이 그의 사상이 중국의 근대 정치, 경제, 국방, 외교, 문화, 교육, 종교, 의학에 미친 영향 등에 관한 100여 편의 논문을 발표하며 당대의 높은 관심을 보여주었다. 또한 세계화 추세가 가속되면서 각국 간의 무역 장벽을 허물려는 시대적 노력이 행해지고 보이지 않는 곳에서 무역 경쟁이 심화되고 있는 지금, 이미 120여 년 전에 상업 경쟁을 전쟁에 비유했던 그의 사상은 더욱 빛을 발하고 있다. 오늘날 중국의 부상은 당시와는 비교할 수 없는 환경 속에서 진행되고 있지만 그가 갈파했던 내용들은 시공을 넘어 21세기에도 여전히 의미 있게 작용하고 있다. 그의 사상은 이후 중국이 나아가야 할 새로운 대외관, 경제관을 정립해보려는 다양한 논의와 매우 깊은 관계가 있음을 주의 깊게 살펴보아야 할 것이다.[40]

주

1) 황런위,《자본주의 역사와 중국의 21세기》, 이재정 옮김(이산, 2001), 7장.

2) 夏東元,《鄭觀應集》(上海 : 上海人民出版社, 1982).

3) 헌원軒轅은 중국 신화에서 말하는 중국 민족의 시조로, 황제黃帝 라고도 한다. 황허 유역에서 살았고, 그의 후손들이 하夏 문화를 건설했다고 전해진다.

4) 광성자廣成子는 황제 시대의 성현으로 공동산空同山에 거주하며 도를 깨달았다고 한다.

5)《상서尚書》〈대우모大禹謨〉에 나오는 "인심은 위험하고 도심은 미세하니, 오직 정밀하고 한결같아야 진실로 그 중용을 잡게 된 다(人心惟危, 道心惟微, 惟精惟一, 允執厥中)"는 내용의 16글자를 말한다. 주희朱熹를 비롯한 송대 학자들은 이 심법이 요·순·우 임금으로부터 공자, 맹자를 거쳐 전해 내려왔으며, 도심이 늘 몸 의 주인이 되니 인심은 언제나 그 명령에 복종해야 한다고 주장 했다.

6) 안회顔回는 공자의 제자 중 가장 학문이 뛰어나다고 칭송받았던 인물이다. 그러나 가난하여 젊은 나이에 요절했다.

7) 정현鄭玄(127~200)은 동한東漢 시기의 경학자經學者로, 금고禁錮 에 묶여 관직에 나가지 못하자 고향에서 강학을 열어 수천 명의 제자를 길러내고 고서 정리에 힘을 쏟았다.

8) 팔고八股는 일종의 문장 형식을 말한다. 그러나 이것이 명·청대 의 과거시험에서, 많은 응시자들 가운데 소수를 선발하기 위해 '일정한 틀'을 요구하는 형식으로 바뀌면서 지식인들의 자유로운 사고를 구속하는 억압의 대명사로 불리게 되었다.

9) 강영江永이라고도 하는데 강서무원江西婺源 사람이다. 청대의 저

명한 경학자이며 과학자이기도 하다. 특히 천문학과 수학에 정통
했다.

10) 린원중林文忠은 린쩌쉬林則徐로 원중은 그가 사후에 받은 익호
諡號다. 후원중胡文忠은 후린이胡林翼며, 정원정曾文正은 정구어
판曾國藩을 말한다.

11) 발發은 태평천국군을 말하며, 염捻은 태평천국군과 동시에 북
방에서 일어났던 농민 반란을 말한다. 회回는 동치 연간에 섬서,
감숙성에서 발생했던 회족 반란을 말하고, 묘苗는 함풍 연간에
일어났던 묘족 반란을 말한다.

12) 반경盤庚은 상商나라의 19대 왕으로 도읍을 은殷으로 옮겼다.
상은 이후 주周에게 멸망할 때까지 273년간 이곳을 도읍지로 삼
았는데, 이곳에서 상에 관한 갑골甲骨 등 귀중한 자료들이 발견
되었다.

13) 한대漢代의 관리 선발 방법으로 향鄕, 리里 등 가장 작은 지방 단
위에서 인재를 추천하여 일정 기간 교육시킨 뒤 관리로 등용하
는 제도를 말한다.

14) 명대明代는 원대元代가 무리한 영토 확장 정책으로 멸망한 것을
거울 삼아 철저하게 외부와의 접촉을 피했다. 특히 동남 연해에
서 바다를 통한 외부와의 접촉을 금했는데 이를 해금 정책이라
한다. 청대淸代에도 이 정책은 대체로 유지되었다.

15) 서광계徐光啓(1562~1633)는 명대의 정치가이자 과학자이다. 진
사進士가 되어 서길사庶吉士를 역임했다. 마테오 리치와의 만남
을 통해 서학을 배워《기하원본幾何原本》,《태서수법泰西水法》
등을 저술했다.

16) 중국은 아편 전쟁(1839)에서 패해 난징 조약을 체결하고 외국인
들의 중국 내 거주를 허용할 수밖에 없었다. 조계租界란 1850년
이후 상하이 등지에서 외국인들에게 땅을 빌려주고 거주를 허
용한 특수한 지역으로 중국 국내법의 저촉을 받지 않아 '나라 속

의 나라'라고 불렀다.

17) 정꾸어판曾國藩(1811~1872)은 청 말의 대신이다. 중체서용의 기치 아래 동치중흥同治中興을 이끌었다.

18) 상전商戰이란 용어는 동치 원년(1862)에 양장兩江 총독 정꾸어판이 후난湖南 순무巡撫 마오홍빈毛鴻賓에게 보내는 서신에서 처음 사용했다. 정꾸어판은 "진秦나라가 상앙商鞅을 등용하여 '경전耕戰'으로 나라를 부강하게 만들었고 오늘날 서방 열강들은 '상전商戰'으로 번영을 누리고 있다"고 언급하며 중국의 경전과 서양의 상전을 대비해 상전을 부강의 상징으로 부각시켰고, 상전이 중국이 이후 나아가야 할 정책의 목표라고 주장했다〔曾國藩, 〈復毛寄云中丞〉, 《曾文正公全集. 書札》卷17 ; 沈雲龍主編, 《中國近世史料叢刊續輯》1輯(臺灣文海出版社, 1966~1982), 14551~14552쪽〕.

19) 《사기史記》의 〈화식열전貨殖列傳〉을 말한다. 〈화식열전〉은 《사기》130편 중 마지막인 129편으로 역대 정부의 경제 정책, 시장 원리, 유명 상인들의 부 축적 방법, 그리고 부의 바람직한 사용 방법 등에 대해 자세하게 기술하고 있다.

20) 사마광司馬光(1019~1086)은 북송北宋 때의 대신이자 사학가로 《자치통감資治通鑑》을 집필했다. 과거를 통해 다양한 인재를 구해야 한다는 의견을 가지고 있었으나 왕안석王安石의 개혁에는 반대했다.

21) 태공太公의 본명은 강상姜尙으로 우리에게는 강태공으로 더 잘 알려져 있다. 서주西周의 개국 공신으로 나라의 재정을 관리하는 기관인 구부九府를 설립했다. 구부는 대부大府, 왕부王府, 내부內府, 외부外府, 천부泉府, 천부天府, 직내職內, 직금職金, 직폐職幣 등을 말한다.

22) 바다와 산림을 관리하는 기관을 말한다.

23) 동종 상공업자들의 모임으로, 자신들의 이익을 대변하고 관청

과 입장을 조율했다. 행회行會가 있었으나 그 후 지역적 성격을 합한 '공소公所'로 발전했다.

24) 호남湖南 유양瀏陽 사람으로 자는 경포敬捕라 했고 광서光緒년 간에 호북 순무를 역임했다. 무술戊戌 변법을 일으킨 탄스통譚嗣同의 부친으로, 이 사건에 연루되어 옥사했다.

25) 마테오 리치Matteo Ricci(1552~1610)는 이탈리아 선교사로 1582년 아오먼澳門에 와서 포교 활동을 시작했다. 그는 포교를 위해서는 무엇보다 자신이 먼저 중국 문화를 알아야 한다고 생각하여, 중국 유생의 복장을 하고 많은 유생들과 교류했다. 그는 중국의 천天이나 상제上帝는 하느님과 같은 존재라고 말했고, 공자와 조상들에게 지내는 제사도 우상 숭배가 아닌 고유한 문화 활동으로 여겨, 이를 미신으로 보고 배격하던 다른 선교사들과는 다른 입장을 취했다. 1702년 교황이 파견한 사절단이 베이징에 왔을 때 강희 황제는 "마테오 리치의 규정을 준수해야 한다(俱遵利瑪竇規矩)"는 입장을 분명히 표명했다.

26) 《東華續錄》卷6, 乾隆 46년. 영국 상인들은 광저우 외에 닝포가 개방되기를 희망했다. 그래서 1755년 중국어에 능한 동인도 회사 직원 제임스 플린트James Flint를 파견하여 베이징의 의사를 타진토록 했다. 그가 지방관의 만류를 무시하고 지방관들의 갈취와 행상 수탈에 관해 진정서를 제출하자 건륭 황제는 흠차 대신을 파견하여 사건을 해결하게 했다. 이로 인해 세관 관리들은 파면당하고 가산을 몰수당했으며, 행상들로 하여금 갚지 않은 대금을 갚도록 했다. 하지만 플린트는 중국의 법을 어겼다는 이유로 3년 동안 옥살이를 해야 했다. 각국의 상인들이 부당함을 호소하고 영국군도 석방을 요구했지만 모두 받아들여지지 않았다.

27) 屈大均, 《廣東新語》卷9, 〈事語〉.

28) 梁家彬, 《廣東十三行考》, 2章(廣東人民出版社, 1999). 행行은 상

점을 말하고 1813~1837년까지는 怡和, 廣利, 同孚, 東興, 天寶, 興泰, 中和, 順泰, 仁和, 同順, 孚泰, 東昌, 安昌行 등 13곳이 있었다.

29) 하오옌핑, 《동양과 서양, 전통과 근대를 잇는 상인, 매판》, 이화승 옮김(씨앗을 뿌리는 사람, 2002).

30) 마틴 부스, 《阿片史》(海南出版社, 1999), 1장.

31) 이렇게 연해에 배를 정박하고 내륙에서 거래를 마친 뒤 쾌속선으로 아편을 운반하여 세금은 물론 당국의 감시를 벗어나는 방법을 연해 시스템이라고 했다. 하오옌핑, 《중국의 상업혁명》, 이화승 옮김(소나무, 2001), 2장을 참조할 것.

32) 茅海建, 《天朝的崩壞-阿片戰爭再硏究》(北京 : 三聯書局, 1997).

33) 과거는 세 차례의 시험을 거치게 되어 있다. 첫 시험인 동자시童子試에 붙으면 생원生員이라 했다. 이들이 모여 향시鄕試를 치러 합격하면 거인擧人이 되었으며 다시 이들이 회시會試를 치러 합격하면 진사進士가 되었다.

34) 매판에 대해서는 하오옌핑의 《동양과 서양, 전통과 근대를 잇는 상인, 매판》을 참조할 것.

35) 명대 중엽부터 훼이저우徽州, 산시山西 지역에서는 공부보다는 장사를 선택하는 사회 현상이 두드러지기 시작했다. 이에 대한 자세한 토론은 위잉스, 《중국 근세 종교윤리와 상인 정신》, 정인재 옮김(대한교과서주식회사, 1993), 하편을 참조할 것.

36) 삼대란 중국 고대의 하·상·주 시대를 말하며, 당시에는 군주가 인물을 뽑을 때 주위에서 천거받은 사람을 오랜 기간 훈련시킨 뒤에 그에게 관직을 맡겼다고 전해진다.

37) 薛福成, 《籌洋趨議》, 《中國歷代思想家》(王韜商語印書館, 民國 68年).

38) 王韜, 《重民》, 《中國歷代思想家》(王韜商語印書館, 民國 68年).

39) 이 책의 판본은 20여 종으로 근대 중국 출판 사상 가장 많은 판본을 가진 책 중의 하나다. 이 판본들은 주로 1895년 유신 운동

이 최고조에 달했을 때 시장에서 큰 인기를 얻어 출간되었다. 정관잉의 손을 거쳐 출판된 것으로는 1894년본, 1895년 14권본, 1900년 8권본이 있다. 이 책의 집필 연도에 대해서는 논란이 있는데, 비교적 합리적인 해석으로는 책의 내용에 언급되는 사건으로 볼 때 1884년 겨울에 집필에 들어가 1894년 봄에 출판되었다는 설이 있다. 夏東元,《鄭觀應》(廣東人民出版社, 1995), 4장을 참조할 것.

40) 이에 관해 최근 발표된 논문으로는 廖祖義,〈"商戰"的原義究竟是甚麼〉,《中國近代史》(2002, 6期);邱志紅,〈近代中國商戰思潮新論之商榷〉,《中國近代史》(2003, 2期) 등이 있다.

더·읽·어·야·할·자·료·들

정관잉의 사상은 19세기 중국에 있어서 하나의 등대와 같은 의미를 지닌다. 따라서 중국은 물론 국내에서도 이에 대한 연구로서 학위 논문을 비롯한 적지 않은 단편 논문들이 발표되었지만 전공자가 아닌 일반인들이 이를 접하기는 쉽지 않았다. 여기서는 당시의 상황을 좀 더 거시적으로 살펴보면서 정관잉의 사상을 이해하는 데 도움이 되는 책들을 소개하고자 한다.

신승하 외, 《19세기 중국 사회—서양의 충격과 대응》(신서원, 2000)
청조 말기의 사회상을 세 가지 주요 테마를 중심으로 설명했다. 특히 서양에 대한 인식, '서학중원서설', 체제에 대한 다양한 논의, 각 정치 세력간의 투쟁 등을 아주 명쾌하게 정리해 일반 독자들이 당시의 상황 논리를 쉽게 이해할 수 있게 했다.

위잉스, 《중국 근세 종교 윤리와 상인 정신》, 정인재 옮김(대한교과서주식회사, 1993)
중국에서 전통적으로 사회의 약세 계층이던 상인들이 어떻게 자주적이고 진취적인 사고를 가지고 적극적으로 사회에 진출하여 주류 계층에 접목되었는가를 역사적으로 고찰한 책이다. 막스 베버의 주장에 대립시켜 중국의 전통적인 요소들에서 형성된 상인 정신(賈道)을 부각시켰는데, 이를 통해 동서양 상인 정신의 특징을 잘 이해할 수 있다. 고문이 많아 다소 어려운 감이 있으나 깊이 있게 중국 상인 정신을 이해하고자 한다면 많은 도움이 될 것이다.

이화승, 《상인 이야기》(행성: B 잎새, 2013)

'21세기에 중국은 어떻게 발전할 것인가' 하는 물음에 대한 답을 중국의 전통 상업 발전과 상인의 활동에서 찾아보려는 시도이다. 오늘날 중국 경제를 이해하려면 유가 사회와 그 속에서 생존하는 상인과의 접촉면을 이해해야 한다. 이를 잘 살펴보는 좋은 방법은 중국 역사를 거슬러 올라가 중국 상인들의 발자취를 더듬어보면서 그들을 지배하고 있는 상인 정신을 이해하는 것이다. 각 시대별로 상업 환경과 활발히 활동했던 상인을 중심으로 중국의 상업사를 이해하기 쉽게 정리해놓았다.

하오옌핑, 《동양과 서양, 전통과 근대를 잇는 상인, 매판》, 이화승 옮김(씨앗을뿌리는사람, 2002)

아편 전쟁으로 광저우의 대외 무역을 담당하던 광둥 십삼행이 몰락했다. 새로운 조약에 의해 서양 상인들은 상하이로 근거지를 옮겼고 이 낯선 환경에서 자신들을 도와줄 새로운 사업 파트너를 찾게 되었다. 이들이 바로 매판이다. 매판은 중·서 상업의 성장과 경쟁 속에서 새로운 계층으로 성장하며 중국의 전통 상인에서 근대식 상인으로 바뀌는 과정에 있던 사람들이다. 매판은 서양 상인들이 중국에 왔을 때 이들의 생활을 도와주고 모든 무역 업무를 대리해주던 중국 상인들을 지칭한다. 이들은 독립 상인으로서 무역 관련 사업을 따로 운영하면서 서양의 선진 기술을 익히는 한편, 단기간에 많은 자본을 축적하여 중국의 근대 사업에 투자했다. 그러나 매판들에 대한 사회적 시각은 곱지 않아 '매판 자본'이라는 부정적 단어를 낳기도 했다. 저자는 이들의 자본 동향과 투자 성향 등을 중심으로 이들의 사회적 역할을 재조명하며, 기존의 시각과는 차별화된 논점을 피력한다.

하오옌핑, 《중국의 상업혁명》, 이화승 옮김(소나무, 2001)

18세기에 광저우를 중심으로 시작된 중국의 대외 무역을 통해 중국 상업이 어떻게 직면한 어려움 속에서 성장하고 경쟁력을 갖추어가는가를 상세하게 다룬 책이다. 저자는 동남 연해를 중심으로 전개된 중·서간의 무역에서 중국이 일방적으로 피해를 보았다는 과거의 시각에서 과감히 탈피해, 중국 상인들이 중국 시장에서 치열하게 경쟁했던 부분에 초점을 맞췄다. 특히 중국 상인들에 대한 자료가 많지 않아 기존의 연구들이 공백으로 남길 수밖에 없었던 많은 부분을 서양 상인들이 남긴 서신과 장부, 관방 문서를 참조해 정리함으로써 정교한 퍼즐을 맞추어놓았다. 그리고 중국의 전통적 금융 기관이나 거래 방식 등이 서양의 시스템과 결합하면서 오히려 경쟁력을 가지고 새로운 방식을 창조할 수 있었다며 이를 '상업혁명'이라고 규정하고 중국 상인의 경쟁력을 긍정적으로 평가했다.

옮긴이에 대하여

이화승 wanli15@naver.com

국립타이완사범대학 역사학과를 졸업하고 1991년 미시건 대학Univ of Michigan에서 황런위黃仁宇 교수에게 사사받은 뒤, 1997년 국립타이완사범대학 역사연구소에서 《明·淸中國傳統商人的區域化現象研究》로 박사 학위를 받았다. 이후 중국 상인들의 사유 체계, 행동 양식이 포함된 다양한 중국 문화 속에서 상업의 중요한 흐름과 특징을 찾는 작업을 계속해왔고 최근에는 주로 상업 분쟁, 특히 중·외 상인 간의 문화적 차이에 의한 무역 분쟁과 조정, 동남 연해 등 지역 상업 연구에 관심을 기울이고 있다. 〈명·청 중국전통 상인의 정상政商 관계〉, 〈청대 동북지역의 상점조직에 관한 연구〉, 〈明代傳統商人與職業神〉, 〈명대 전통상인과 민간신앙〉, 〈19세기 상하이의 경제개혁사상〉, 〈명말청초 동남 연해의 상업〉 등 다수의 논문과 《중국의 고리대금업》, 《상인 이야기》 등의 저서를 썼으며, 《중국의 상업혁명》, 《동양과 서양, 전통과 근대를 잇는 상인, 매판》, 《중국 경제사 연구의 새로운 모색》, 《장거정 평전》, 《제국의 상점》 등을 번역했다. 현재 서울디지털대학교 중국학과에 재직 중이다.

책세상 문고·고전의 세계
031

성세위언―난세를 향한 고언

초판 1쇄 펴낸날 | 2003년 8월 30일
개정 1판 1쇄 펴낸날 | 2017년 7월 25일

지은이 | 정관잉
옮긴이 | 이화승
펴낸이 | 김현태
펴낸곳 | 책세상

서울시 종로구 경희궁길 33 내자빌딩 3층(03176)
전화 | 02-704-1251(영업부) 02-3273-1333(편집부)
팩스 | 02-719-1258
이메일 | bkworld11@gmail.com
홈페이지 | chaeksesang.com
등록 1975. 5. 21 제1-517호

ISBN 978-89-7013-726-1 04160
978-89-7013-297-6(세트)

* 이 도서의 국립중앙도서관 출판시도서목록(CIP)은 서지정보유통지원시스템 홈페이지
(http://seoji.nl.go.kr)와 국가자료공동목록시스템(http://www.nl.go.kr/kolisnet)에서
이용하실 수 있습니다.(CIP제어번호 : CIP2015029997)

책세상 문고·고전의 세계

001 민족이란 무엇인가 에르네스트 르낭 지음 | 신행선 옮김
002 학자의 사명에 관한 몇 차례의 강의 요한 G. 피히테 지음 | 서정혁 옮김
003 인간 정신의 진보에 관한 역사적 개요 마르퀴 드 콩도르세 지음 | 장세룡 옮김
004 순수이성 비판 서문 이마누엘 칸트 지음 | 김석수 옮김
005 사회 개혁이냐 혁명이냐 로자 룩셈부르크 지음 | 김경미·송병헌 옮김
006 조국이 위험에 처하다 외 앙리 브리사크·장 알만 외 지음 | 서이자 옮김
007 혁명 시대의 역사 서문 외 야콥 부르크하르트 지음 | 최성철 옮김
008 논리학 서론·철학백과 서론 G. W. F. 헤겔 지음 | 김소영 옮김
009 피렌체 찬가 레오나르도 브루니 지음 | 임병철 옮김
010 인문학의 구조 내에서 상징형식 개념 외 에른스트 카시러 지음 | 오향미 옮김
011 인류의 역사철학에 대한 이념 J. G. 헤르더 지음 | 강성호 옮김
012 조형미술과 자연의 관계 F. W. J. 셸링 지음 | 심철민 옮김
013 사회주의란 무엇인가 외 에두아르트 베른슈타인 지음 | 송병헌 옮김
014 행정의 공개성과 정치 지도자 선출 외 막스 베버 지음 | 이남석 옮김
015 전 세계적 자본주의인가 지역적 계획경제인가 외 칼 폴라니 지음 | 홍기빈 옮김
016 순자 순황 지음 | 장현근 옮김
017 언어 기원에 관한 시론 장 자크 루소 지음 | 주경복·고봉만 옮김
018 신학-정치론 베네딕트 데 스피노자 지음 | 김호경 옮김
019 성무애락론 혜강 지음 | 한흥섭 옮김
020 맹자 맹가 지음 | 안외순 옮김
021 공산당선언 카를 마르크스·프리드리히 엥겔스 지음 | 이진우 옮김
022 도덕 형이상학을 위한 기초 놓기 이마누엘 칸트 지음 | 이원봉 옮김
023 정몽 장재 지음 | 장윤수 옮김
024 체험·표현·이해 빌헬름 딜타이 지음 | 이한우 옮김
025 경험으로서의 예술 존 듀이 지음 | 이재언 옮김
026 인설 주희 지음 | 임헌규 옮김
027 인간 불평등 기원론 장 자크 루소 지음 | 주경복·고봉만 옮김
028 기적에 관하여 데이비드 흄 지음 | 이태하 옮김
029 논어 공자의 문도들 엮음 | 조광수 옮김
030 행성궤도론 G. W. F. 헤겔 지음 | 박병기 옮김
031 성세위언 — 난세를 향한 고언 정관잉 지음 | 이화승 옮김
032 에밀 장 자크 루소 지음 | 박호성 옮김
033 제3신분이란 무엇인가 E. J. 시에예스 지음 | 박인수 옮김
034 대중 문학론 안토니오 그람시 지음 | 박상진 옮김
035 문화과학과 자연과학 하인리히 리케르트 지음 | 이상엽 옮김
036 황제내경 황제 지음 | 이창일 옮김
037 과진론·치안책 가의 지음 | 허부문 옮김
038 도덕의 기초에 관하여 아르투어 쇼펜하우어 지음 | 김미영 옮김
039 남부 문제에 대한 몇 가지 주제들 외 안토니오 그람시 지음 | 김종법 옮김
040 나의 개인주의 외 나쓰메 소세키 지음 | 김정훈 옮김
041 교수취임 연설문 G. W. F. 헤겔 지음 | 서정혁 옮김
042 음악적 아름다움에 대하여 에두아르트 한슬리크 지음 | 이미경 옮김
043 자유론 존 스튜어트 밀 지음 | 서병훈 옮김
044 문사통의 장학성 지음 | 임형석 옮김
045 국가론 장 보댕 지음 | 임승휘 옮김
046 간접적인 언어와 침묵의 목소리 모리스 메를로 퐁티 지음 | 김화자 옮김
047 나는 고발한다 에밀 졸라 지음 | 유기환 옮김
048 아름다움과 숭고함의 감정에 관한 고찰 이마누엘 칸트 지음 | 이재준 옮김
049 결정적 논고 아베로에스 지음 | 이재경 옮김
050 동호문답 이이 지음 | 안외순 옮김